建筑企业数字化转型之路

从战略规划到落地执行

广联达数字建筑研究院　编著

中国建筑工业出版社

图书在版编目（CIP）数据

建筑企业数字化转型之路：从战略规划到落地执行 / 广联达数字建筑研究院编著 . —北京：中国建筑工业出版社，2022.8（2022.10重印）

ISBN 978-7-112-27649-3

Ⅰ . ①建… Ⅱ . ①广… Ⅲ . ①建筑企业－工业企业管理－数字化－研究 Ⅳ . ① F407.96-39

中国版本图书馆 CIP 数据核字（2022）第 130392 号

本书立足当前建筑企业数字化转型现状，提出数字化转型已步入新阶段，从企业数字化转型战略、目标、路径和支撑入手，围绕施工企业、地产企业、设计企业，介绍了三类建筑企业数字化转型解决方案，重点展示了其数字化转型理念、实践做法和转型成果，树立建筑行业数字化转型代表性企业。本书以标杆案例的形式展现了建筑企业从数字化战略规划到落地执行的全过程，为探讨企业数字化转型提供了新思考和新路径。

责任编辑：徐仲莉　范业庶
责任校对：董　楠

建筑企业数字化转型之路：从战略规划到落地执行

广联达数字建筑研究院　编著

*

中国建筑工业出版社出版、发行（北京海淀三里河路9号）
各地新华书店、建筑书店经销
北京建筑工业印刷厂制版
北京富诚彩色印刷有限公司印刷

*

开本：787 毫米 × 1092 毫米　1/16　印张：11　字数：144 千字
2022 年 8 月第一版　　2022 年 10 月第二次印刷
定价：**49.00** 元
ISBN 978-7-112-27649-3
　　　（39858）

本书编委会

主 任 委 员

丁烈云　王铁宏　毛志兵　刁志中

副主任委员

吴慧娟　赵正挺　马智亮　王广斌　李　霞　谢　卫　袁正刚

李云贵　李久林　周　剑　杨懿梅

编　　　委

刘　谦　云浪生　只　飞　汪少山　王先军　刘　刚　李宗照

刘洪亮　徐祖敦　王鹏翊　毕鹏飞　郭建锋　张晓聪　董耀军

吴　林　张　宁

本书编写组

主　　编

袁正刚

副 主 编

王先军　刘　刚　吴　林　谭　啸

编写人员

张　华　张　俊　赵　鹏　李洪艳　葛　健　黄　梅　李仲存

洪　沙　祝　蕾　邓东超　潘大勇　王立伟　张　贲　杨　涛

敖　然　彭　武　曹　欢　高　洋　杨文杰　林毓婧

参编人员（按姓氏拼音排序）

布宁辉　程加强　董　超　郭　友　黄杰钊　李步康　李　靖

李　全　李亭亭　梁俊峰　刘祁山　彭前立　师宗浩　石　澜

史春燕　宋承亮　涂　瑞　吴忠良　伍　君　徐滋惟　杨相传

殷　明　袁春龙　张　亮　张　璐　张如娇　张晓丽　郑海龙

广联达数字建筑研究院

序 一

目前数字经济已经上升为我国国家战略，在《中华人民共和国国民经济和社会发展第十四个五年规划和2035年远景目标纲要》中，首次将"数字经济核心产业增加值占GDP比重"列入经济社会发展主要指标，提出要充分发挥海量数据和丰富应用场景优势，促进数字技术与实体经济深度融合，赋能传统产业转型升级，催生新产业新业态新模式，壮大经济发展新引擎。数字经济正成为重组全球资源要素、重塑全球经济结构、重整全球竞争格局的关键力量。

落实到建筑领域，则通过加快新一代信息技术与建筑业深度融合，切实提升建筑业发展质量和效益。这既是落实我国数字经济整体发展战略的重要内容，也是在新时代高质量发展背景下，促进建筑业由大到强到优，实现建筑业智能化、绿色化、工业化融合发展的重要保障。

在建筑业数字化转型过程中，建筑企业是主体，也是数字化转型的主战场，建筑企业有望在现代信息技术的加持下，逐渐摆脱粗放式的传统标签。目前我国建筑企业数字化程度仍然偏低，还有着巨大的潜力和发展空间，各企业如何抓住时代战略机遇，做好数字化转型，从而迈上发展新台阶，是各方关注的重点。

建筑企业数字化大致经历三个发展阶段，即数字技术与工程建造活动要素结合的工具提升阶段、基于BIM支撑的全生命周期业务集成与协同阶段、体现建筑产业新变革的产业互联阶段。

数字技术与工程建造活动要素结合的工具提升阶段。比如工程多维数字建模与仿真技术，为优化设计、认知工程和理解工程提供直观高效的方式。基于参数的智能建模设计技术，大幅度提高设计师的设计能力。基于工程物联网的智慧工地技术，为参与工程建设的主体全面、及时、准确地认知和分享工程建造信息提供可能。自动化、智能化的工程机械将显著提升工程建造作业效率等。

基于 BIM 支撑的全生命周期业务集成与协同阶段。工程建造在产品服务品质、劳动生产率、环境影响以及作业条件等方面的问题，一个重要原因就是工程建造系统的碎片化。随着现代工程规模日益扩大、功能越来越丰富、复杂性越来越高，专业领域分工越来越细，各专业之间沟通困难，各过程信息不通畅，导致交互成本增加、工程变更或返工频发、工程质量不一以及工程功能缺失等问题。在基于 BIM 的统一平台支撑下，为解决工程建造碎片化难题提供了可能，使工程建造的组织方式从专业协调不通畅和过程不连续走向集成协调和一体化。

体现建筑产业新变革的产业互联阶段。在数字技术改变工程建造方式、重塑建造协同机制后，则会进一步促进产业的创新变革转型，推动工程建造向工业化、服务化和平台化转型。

建筑企业数字化转型既需要工程建造需求的牵引力，也需要数字技术进步的推动力，利用数字技术给建筑行业带来一系列变革——产品形态的数字化、经营理念的服务化、市场形态的平台化，以及建造方式的工业化、行业治理现代化。数字技术与建筑业深度融合，形成优势互补、共创共赢，共同推动建筑企业跨越数字化转型的不同发展阶段，形成建筑产业与数字产业融合发展的双生态体系。

由广联达科技股份有限公司联合行业企业编写的《建筑企业数字化转型之路：从战略规划到落地执行》一书，正是融合发展的成果体现。该书介绍了建设方、施工方、设计方不同类型企业的数字化转型理念和成功案例，为我们展现了当前行业蓬勃的数字化建设热潮，描绘了企业转型实践的心路历程。理论来源于实践，理论也在实践中得到检验和发展，相信本书的实践案例能给相关从业者以启示，引导企业未来更好地开展数字化转型，共同为中国建筑业的高质量发展添砖加瓦！

丁烈云

2022 年 8 月

序 二

习近平总书记指出，发展数字经济是把握新一轮科技革命和产业变革新机遇的战略选择。面对百年未有之大变局，作为国民经济重要支柱产业的建筑产业正经历着深刻、复杂而全面的变革，特别是如何把握新一轮科技革命的历史机遇，实现数字化转型，是整个产业适应中国数字经济战略布局的重大课题。这就迫切要求我们从战略高度准确识变、科学应变、主动求变，以历史唯物主义观点把握好深刻变革中的大趋势和大格局，以辩证唯物主义观点把握深刻变革的主要矛盾以及矛盾的主要方面，主动迎接数字化转型升级。

1. 把握市场模式深刻变革中的关键问题

推行设计施工总承包（EPC）是市场模式改革的突破口。从微观经济学的基本原理来看，设计施工总承包单位可单独或与业主共享优化设计、降低成本、缩短工期所带来的效益，既讲节约又讲效率，从根本上解决公共投资项目超概算、超工期严重以及腐败时有发生的问题。EPC 是公共投资项目供给侧结构性改革的重要推进模式，在节约资源、节省投资、缩短工期、保证质量安全等方面发挥了明显优势。

需要关注的是，在 EPC 基础上更深层次的改革，即 PPP 模式。EPC 的关键在于形成真正意义上优化设计、缩短工期、节省投资的甲乙双方理性契约关系。PPP 则是更深入的改革，是投资方式改革的深化，必然推动公共投资项目全面提高投资质量和效益。真正意义的 PPP 必然需要 EPC，实现 EPC 则必然需要产业技术的全面创新和提升。

习近平总书记指出，要"抓住突出问题和关键环节，找出体制机制症结，拿出解决办法，重大改革方案制定要确保质量"。

大型企业特别是央企、国企，一定要打造全新的核心竞争力。要证明 PPP 项目比非 PPP 项目更好、更省、更快，关键在于建筑产业供给侧结构性改革能否跟上，紧扣 PPP 与 EPC 的结合，把握两者之间的逻辑与辩证关系。

2. 把握"双碳"战略中的深层次问题

"双碳"战略将促使我国加快调整优化产业结构、能源结构，倡导绿色低碳的生产生活方式。21 世纪初我国提出了"三大节能"战略，其中建筑节能的比重最大，约占全社会总能耗的 43%。如果建筑能耗这个碳排放大户不能得到有效控制并早日达峰，那么"双碳"目标就无从谈起。

与此同时，新情况、新问题又产生了，即随着生活水平的不断提高，人民群众有了新希望、新要求，需要新的获得感、幸福感，特别是广大夏热冬冷地区的人民群众迫切希望既要冬季供暖，又要夏季制冷，还要梅雨季除湿，这是人民群众的呼声，不以人的意志为转移。这项工作涉及 12 个省市的全部或大部分区域，还涉及另外 6 个省市的小部分区域。这个问题如果解决不好，人民群众不满意，碳达峰、碳中和战略也难以实现，这是一个结构性矛盾，必须下狠功夫、真功夫加以解决。如何解决？走三北地区传统的集中供暖老路肯定不行，碳达峰时点要大大延后，地方财政难以承受，人民群众还要背负供暖基础设施配套费和每年的供暖费。自采暖也不行，能耗一直高居不下，人民群众的热耗费也高居不下，唯一可行的办法就是发展超低能耗建筑。为此，《中共中央 国务院关于完整准确全面贯彻新发展理念做好碳达峰碳中和工作的意见》明确，要大力发展节能低碳建筑。持续提高新建建筑节能标准，加快推进超低能耗建筑等规模化发展。

发展超低能耗建筑是确保实现建筑碳达峰、碳中和目标的根本之策。

一是用碳峰值降低，二是峰值时点提前，三是峰值后降幅明显。发展超低能耗建筑是在推广建筑节能和绿色建筑基础上的更高质量、更高水平的重要举措，其核心技术主要是三个方面：一是更高质量的墙体保温技术，二是更高水平的隔热技术，三是更高效率的新风系统。关键是有效控制在建筑节能和绿色建筑基础上的新增成本。

实现建筑产业"双碳"目标，还有一个问题必须未雨绸缪、加快研究，即"建造碳排放计量与评价体系"。《中共中央 国务院关于完整准确全面贯彻新发展理念做好碳达峰碳中和工作的意见》要求，要逐步开展建筑能耗限额管理，推行建筑能效测评标识，开展建筑领域低碳发展绩效评估。我国的工程项目设计原则，首先是安全，其次是经济，下一步将会是减碳。建筑产业是碳排放的最大产业之一，除了运行碳排放（约23%），还有建造碳排放（约20%），这包括建造所用材料和材料运输的碳排放以及施工组织过程的碳排放，其中材料碳排放是大头。有关研究团队对"建造碳排放计量和评价体系的研究"已开展多年，正在从工程量计算到碳排放因子计算，从制定建造碳排放设计指南到设计标准，再到设计软件的研究。

3. 把握绿色化与数字化深刻变革中的关键问题

《中共中央 国务院关于进一步加强城市规划建设管理工作的若干意见》指出，要大力推广装配式建筑。我们要从国家战略层面认真回答两个深刻问题，即我国为什么要发展装配式建筑和如何发展装配式建筑。

在全面推广装配式建筑方面，上海市引领了发展方向。概括其主要做法就是倒逼机制＋鼓励和示范，成功经验就是真明白、真想干、真会干，根本原因就是市委、市政府决策领导有把发展装配式建筑这件大事做好的坚定意志。一是市委、市政府主要领导非常重视，二是在土地出让合同中明确了相关要求，三是出台鼓励政策，四是建立并逐步完善了标准规范体系和图集，五是充分发挥示范引领作用。

发展装配式建筑，建筑业企业家要回答好四个问题：第一，到底要不要发展装配式？第二，准备发展什么样的装配式？第三，准备以哪个城市为中心发展装配式？装配式是有运输半径的，任何企业都不可能包打天下，只能抢抓重点城市。第四，怎样更好地发展装配式？把政策用足，把关键技术抓好，把产业联盟发展好，突出体现在装配式＋BIM、装配式＋EPC、装配式＋超低能耗这"三个绝配"上。下一步，装配式＋AI智慧建造将是一个新的广阔领域。

习近平总书记指出，要抓住产业数字化和数字产业化赋予的新机遇。关于产业数字化，当前突出的就是项目级BIM、企业级ERP，再加上企业级数字平台。要深刻认识到BIM应用中存在着四个关键问题：一是自主引擎，即"卡脖子问题"；二是自主平台，即安全问题；三是贯通问题，强调全过程共享；四是价值问题，这是核心要义。企业级ERP应用就是要全面打通集团公司、号码公司、区域公司和项目，不但打通层级还要打通管理、财务、税务三个系统，实现数据共享，这会是又一场革命。关于ERP也要关注自主引擎和自主平台问题。

关于数字产业化，突出的就是抓好在BIM基础上的五个"＋问题"："＋CIM"，即智慧城市；"＋供应链"，发展供应链平台经济；"＋数字孪生"；"＋AI智慧建造"，要强调装配式的工厂智慧化＋现场智慧化，是结构＋机电＋装饰装修全面智慧化；"＋区块链"，将会是建筑产业诚信体系的一场革命。

在这样的大背景下，旨在总结建筑企业数字化转型成果、分享创新经验、发挥标杆企业示范引领作用、进而为企业数字化转型提供新思维和新路径的《建筑企业数字化转型之路：从战略规划到落地执行》一书，从当前建筑企业数字化转型现状出发，明确转型路径与步骤，以大篇幅演示了既有作为需求侧的开发建设单位，又有作为供给侧的设计单位和施工单位三种建筑产业不同性质的企业数字化转型探索，充分展示了新发展格局下建筑企业应对数字化变革的生动实践，描绘出当前数字中国建设大潮中建筑产业独有的数字化气质与特征，是对当前建筑产业数字化转型发展的阶段性总结，为切实推进数字化转型提供具有重要启发性和参考价值的新模式和新范式。我们相信，在数字化加持下，建筑产业作为国民经济的重要支柱产业，将充分展现出全新的蓬勃发展生机，我们要抓住其所赋予的新机遇，创造新未来。

王铁宏

2022 年 8 月

序 三

　　建筑业作为国民经济支柱产业，当前既面临节能环保要求提升、居住品质提高等更高的发展要求，又要有效应对固定资产投资增速放缓、从业人口减少等多重挑战，亟待转变发展方式，实现产业转型。建筑业高质量发展要在保持较大产业规模的基础上，打造更为强大的产业综合竞争力，集中体现为"资源节约，环境保护、过程安全、精益建造、品质保证，最终实现价值创造"。在新材料、新装备、新技术的有力支撑下，我国工程建造方式正以品质和效率为中心，向绿色化、工业化和智慧化程度更高的"新型建造方式"转型，并不断与国际化发展融合。

　　当今时代是数字经济、智慧社会的时代。人工智能、机器人、区块链、大数据等成为第四次产业革命的标志性技术。建筑业要想跟上新时代步伐，就必须大力推动智慧建造，抢抓"新基建"发展机遇，融入数字经济创新浪潮。"新基建"奠定了人类数字文明的发展基础，不仅本身形成了规模庞大的数字经济产业，还将颠覆传统产业、使之走向数字化，从而产生不可估量的投资叠加效应、乘数效应。根据麦肯锡的研究，从世界范围来看，工程行业的生产力提升一直相对缓慢，过去 20 年间，生产力平均每年提升 1%。而未来应用新技术后可以帮助工程行业提升约 15% 的生产力。因此，发展新型建造方式，推动智慧建造的发展与应用，是顺应第四次工业革命的必然要求，是提升行业科技含量、提高人才素质、推动国际接轨的必然选择，是解决我国资源相对匮乏、供需不够平衡等发展不充分问题的必由之路，也是未来中国建筑产业能占据全球行业制高点的关键所在。

　　智慧建造是做强做优中国建造的关键，是推动智慧城市建设的重要支撑，是实现建筑产业可持续发展的必由之路。我认为，推动数字化发展、走向智慧建造对行业生产方式的改变主要体现在三个方面：一是提升"感知"能力，借助物联网和虚拟现实等技术，扩大人的视野、扩展感知能力以及增强人的部分技能；二是发挥"替代"作用，借助人工智能技术和机器人等设备，来部分替代人完成以前无法完成或风险很大的工作；三是走向"智慧决策"，随着大数据和人工智能等技术的不断发展，借助其"类人"的思考能力，替代人在建筑生产过程和管理过程的参与。

推动智慧建造和数字化转型，将是一场深刻而系统的革命。为此，建筑企业必须找到如何实现转型升级、提质增效、科学发展的途径。《建筑企业数字化转型之路：从战略规划到落地执行》一书以数字化转型为破局之道，围绕建筑企业面临的不确定性，以重塑企业掌控力和拓展力，实现提质增效降本作为数字化转型核心需求，采用理念＋方案＋案例的方式，从战略到执行系统性提出建筑企业数字化转型之路。本书帮助建筑从业者规避数字化转型误区，构建数字化转型战略，在转型战略统一引导下，立足价值牵引，找准转型价值切入点，用最短时间、最优成本，实现最大价值。通过对施工企业、地产企业、设计企业数字化转型成功案例的生动描述，建立建筑企业数字化转型信心，也为建筑从业者提供了可借鉴的范式。

数字化变革是当前全世界面临的战略性机会，将全面影响各个领域，带动新一轮的发展。展望未来，以数字化转型为引擎，建筑业将与其他行业进一步深度融合，产业边界将面临重塑，新产品、新业态、新模式将在融合创新、数字化发展的过程中不断涌现，持续驱动工程建造走向智慧建造的美好未来。

毛志兵

2022 年 8 月

序　四

随着数字科技的迅猛发展，数字经济在全球迅速崛起，成为世界各国经济发展的新动能。2022年1月，《求是》杂志发表习近平总书记重要文章《不断做强做优做大我国数字经济》，提出"推动数字经济和实体经济融合发展。要把握数字化、网络化、智能化方向，推动制造业、服务业、农业等产业数字化，利用互联网新技术对传统产业进行全方位、全链条的改造，提高全要素生产率，发挥数字技术对经济发展的放大、叠加、倍增作用。"

作为我国国民经济重要组成部分的建筑产业，兼具实体经济与传统产业的双重属性，如何通过数字化转型实现高质量发展，助力我国数字经济做强做优做大，成为时代命题。

对于建筑产业领域的众多企业而言，数字化转型关乎生死存亡，已成为共识。据IDC调研发现，中国有64%的建筑企业将数字化转型列为当务之急。但数字化转型知易行难，转型过程需要耐心，只有战略引领，找对切入点，遵循规律持续实践，创新性迭代，才能"积小胜为大胜"。

企业数字化转型，不能摸黑前行，需要战略引领。在产业互联网开启数字化转型新格局的当下，企业需要思考数字化的终极目标、终极场景是什么，衡外情、量己力，高瞻远瞩地谋划企业的未来。在战略制定中，"数字化转型是业务变革"贯穿始终，数字化转型的愿景、目标等，都要与业务战略相匹配。

企业数字化转型，不能盲干蛮干，需要找对切入点。广联达在"二次创业"过程中探索出将"套装软件升级为云化产物"作为切入点，通过打造'云＋端＋数据'的中台模式，不仅激发了业务潜能，也成功引发了后续收入模式、运营模式的一系列变革。

企业数字化转型，不能急于求成，需要遵循变革规律。从根本上说，数字化转型是基于应用场景需求，进行数据挖掘与算法赋能，带来的"渐进式量变—颠覆性质变—融合式创新"的过程。要遵循变革规律，分节奏推进，先进行试点打样，再总结经验进行因地制宜的复制推广，步步为营、迭代升级，推进全方位的数字化转型。

企业数字化转型，不能因循守旧，需要创新性思维。要以平台思维重构产业生态，以数字思维重新定义商业创新，以闭环思维扎实落地数字化变革的每个环节。

广联达深耕行业 20 多年，业务已遍布 100 多个国家和地区，服务了 34 万家企业客户的 600 多万个建设项目，助力并见证了客户的数字化转型之路。此外，在推进数字广联达的建设中，也形成了自身的数字化转型理论体系与实践成果。在客户实践与自身经验相结合的基础上，我们期望在数字化转型战略制定、方案设计等方面为同行提供帮助。同时，鉴于大多数企业"因为看见才会相信"，围绕各类建筑企业，我们整理了数字化转型的先锋案例，真实还原这些建筑企业的数字化转型历程，以期从客观、中立的视角为同行提供有益借鉴。

积力之所举，则无不胜；众智之所为，则无不成。希望企业通过参考战略、方案与案例，在实践中不断调整与优化，最终形成适合自身的数字化转型之路。

大道至简，实干为要。我们期望携手产业同仁，砥砺奋进，用数字科技重塑企业竞争力，为中国建筑产业转型升级、跻身智能建造世界强国增光添彩。

刁志中

2022 年 8 月

专家推荐

数字化已经成为经济发展的新动能，建筑企业数字化转型是顺应时代潮流的必由之路。利用数字化改变原有粗放的生产管理方式，是建筑企业提升竞争力、促进高质量发展的重要途径。数字化转型是系统工程，如何整合行业数字化发展资源，加速数字化转型，《建筑企业数字化转型之路：从战略规划到落地执行》一书给出了案例。该书讲述了施工方、建设方与设计方典型企业数字化转型心路历程，见微知著，相信这本书能给广大读者带来思考与启发，全面推进行业数字化转型。

——吴慧娟　中国建筑业协会副会长

在双循环新发展格局和"双碳"目标下，要利用好绿色科技赋能，通过科技手段助力地产企业创新，推动地产行业由高速发展向高质量发展稳步迈进。《建筑企业数字化转型之路：从战略规划到落地执行》一书，可以说是呈现了地产企业、设计企业、施工企业投身数字化转型、拥抱数字时代的新图景，树立了行业标杆，为行业企业提供了可借鉴、可参考的实例。

——赵正挺　全联房地产商会秘书长

近年来，建筑行业数字化不断发展，相当数量的建筑企业已经认识到数字化转型的重要性。但数字化转型毕竟是一个新生事物，知易行难，例如很多企业认同"数字化转型，战略先行"，但在具体怎么做上仍然存在疑惑。《建筑企业数字化转型之路：从战略规划到落地执行》深入研究了建筑企业数字化转型的焦点问题，以全方位的思考，提出战略规划及实施建议，并剖析标杆案例为业内提供借鉴，值得研读！

——马智亮   清华大学土木工程系教授   博士生导师

中国建筑业的下半场是产业互联网，基于"大数据＋机器深度学习＋云服务"的人工智能价值链将嵌入建设项目全生命周期。建筑企业要抛弃旧思维，充分评估数字化带来的企业战略、商业模式及运营模式的改变，立足企业自身实际开展数字化转型，从战略到执行打造数字化转型的闭环，推动思维模式、技术创新、生产管理方式等的系统性变革，实现我国建筑业企业的高质量发展。

——王广斌   同济大学产业创新发展研究院院长

新一轮科技革命和产业变革正在迅猛发展，数字化转型成为建筑企业在数字经济时代实现高质量发展的必然选择。建筑企业数字化转型不是简单的新一代信息技术的应用，而是经营战略、治理体系、组织形态、生产方式、运营模式等全方位改造、变革和重构。《建筑企业数字化转型之路：从战略规划到落地执行》一书以战略规划为引领，提出切实可行的实施方案，并以数字化转型企业优秀案例为鉴，为建筑企业系统性推进数字化转型提供指导！

——李霞　东南大学教授　博士生导师

建筑企业如果能通过数字化转型将以往积累的海量数据资产化，关注客户和产品数据，以客户成功为导向实现对产品的精准化管控和精细化运营，这必将会为企业在新的竞争时代塑造新的品牌竞争力。《建筑企业数字化转型之路：从战略规划到落地执行》的出版，将引导建筑企业在建设模式与建造方式的双重转变中创新开拓业务，以系统性数字化建设为核心，通过数字化转型重塑掌控力和拓展力；并以数字化转型优秀企业为例，为施工、地产、设计三类企业转型升级提供可借鉴范本。

——谢卫　全国工程勘察设计大师
中国电子工程设计院有限公司首席专家

数字时代，BIM、4G/5G、IoT、AI 等现代数字技术和机器人等设备的快速发展和广泛应用，有力推动着建筑产业数字化转型升级。数字化转型不等同于数字技术的应用，还包括生产方式、组织方式、协作关系等的变化，更需要建筑行业同仁提高认识，《建筑企业数字化转型之路：从战略规划到落地执行》，讲述了我们建筑企业数字化转型的故事，从中可以看到数字化建设的初衷、探索过程以及目前的成效，值得细细品读。

——李云贵　中国建筑集团有限公司首席专家

以智慧建造为技术手段的新型建造方式，正改变着工程建设行业全产业链。越来越多的建筑企业开始聚焦数字化和智能化建造方式，以进一步推动企业数字化发展和创新变革，实现规模化高质量发展。这种数字化探索，在《建筑企业数字化转型之路：从战略规划到落地执行》一书中可以看到，企业如何进行数字化布局并落地实施，为同行提供了新模式和新路径，在他们身上看到了建筑业高质量发展未来可期。

——李久林　北京城建集团有限责任公司总工程师

数字化转型是新时期信息技术和实体经济融合发展的新使命、新要求，企业要在数字化转型过程中转变理念认知，建构数字化思维架构，提升系统性落地实施和持续迭代的创新变革能力。《建筑企业数字化转型之路：从战略规划到落地执行》一书，研究了建筑企业正在进行的数字化转型实践，剖析了典型案例，给出了富有启发性的实操策略，对建筑行业数字化转型发展具有很好的价值意义。

——周剑　点亮智库 & 中信联副理事长兼秘书长

过去四十年，从管理思想到最佳实践，中国企业一直在学习西方。我坚信，像广联达这样的探路先锋，在这个全新的数字时代，一定能与建筑行业伙伴们一起，共创出引领未来、引领全球的建筑企业数字化转型的全新思想与实践。

——杨懿梅　企业家顾问

著有《贝佐斯数字帝国》(广联达 2020 年度共学共创书目)

前　言

系统性数字化重塑企业掌控力和拓展力

当今世界正经历百年未有之大变局，新一轮科技革命和产业变革蓬勃发展，全球经济正加速步入数字时代。当前，数字化转型已成为行业共识，大家更关注如何有效地开展数字化转型，助力企业提高经营水平和效益，推动企业高质量发展。

如何推进企业数字化转型？首先要洞悉数字化误区，正确选择数字化转型方向。勿只重视数据展示，却忽略数据生成、融合、分析的重要性，导致"好看不好用"；勿急于求成，数字化转型过程不能一蹴而就，需要在统一的规划指导下，逐步迭代；勿主次颠倒、不平衡发展，要把重心放在核心业务数字化上，聚焦工程项目建设过程的数字化。出现以上误区的部分原因是企业内部业务分割、组织割裂，数字化呈现单点碎片化特征，导致数据仅在本系统内流转，没有形成有效的连接与协同，无法帮助决策者从宏观上做出有效决策，无法更好地支撑企业对业务的掌控和拓展，系统性地开展数字化能够解决数据孤岛和单点碎片化难题。

系统性数字化是建筑企业转型破局之道。系统性数字化以三元系统论为基础，以"数据＋连接＋算法"为核心，这也是系统性数字化要重点做好的三个方面。数据是数字化转型的基础，大量数据可以成为行业和企业的共同资产；数据要准确、及时、全面，不准确的数据会对决策造成非常大的干扰，如今先进的软硬件设施可以实现自动化准确采集、及时传送。连接是数字化转型的关键，其最终目标是实现责权利清晰可靠的业务连接，让数据与业务产生融合，支撑企业内外部协同。算法是数字化转型的核心，对海量数据进行有效分析并助力决策。"数据＋算法"可以驱动业务管理，基于数据＋AI 的项目大脑，实现智能调度与控制，如安全管理、进度调整、人员补充等。算法的最大价值是能够支撑企业的经营决策，通过算法的数据分析，项目、公司、集团可以进行资源协调，建立数据决策中心，让系统判断变成现实，并实现 PDCA 闭环。

数字化不只是技术层面的事，技术仅是工具和手段，数字化转型要从战略角度整体规划，分步、分阶段迭代实施。建筑企业如何落地系统性数字化转型？基于行业企业数字化实践探索，我们联合编撰了《建筑企业数字化转型之路：从战略规划到落地执行》一书，基于当前企业数字化转型系统性趋势，总结提炼了建筑企业数字化转型方法和典型案例，围绕施工企业、设计企业、地产企业在数字化转型过程中的方向与路径、探索与实践，系统阐述了从战略规划到落地执行的数字化转型之路。

开卷有益，期望建筑行业从业者通过阅读本书，拨开数字化转型的神秘面纱，了解如何纵览企业全局，制定符合自身发展现状及转型需求的系统性数字化战略，明晰转型方向、目标、切入点、路径、任务等；了解如何在战略指导下编制数字化转型方案，找到数字化场景的价值兑现点；通过三类建筑企业先行者数字化转型的起因、途中的困惑、解决的途径、最终的成效、未来的展望，为更多建筑企业系统性开展数字化转型带来思考与借鉴。

志合者不以山海为远，同行者不以崎岖为险。集聚行业力量，乘数字化东风，共筑企业发展力，共创行业新未来！

袁正刚

2022 年 8 月

目　录

第 3 章　数字化重塑地产企业核心竞争力

第 4 章 数字化构建设计企业发展新动能 111

第1章

数字化转型战略先行

　　企业数字化转型是借助物联网、大数据、云计算等现代信息技术，以数据为驱动，推动企业经营战略、治理体系、组织形态、生产方式、运营模式等全方位改造、变革和重构的过程。建筑企业开展数字化转型的根本动因是打造企业数字化生产力，重塑数字化生产关系，实现节本降耗、提质增效，促进价值创新、生态共赢。根据麦肯锡全球研究院统计，数字化可使全球建筑业的生产力提升 14%～15%，成本节约 4%～6%，数字化对企业生产方式的提升可见一斑。

　　但企业数字化转型不是开发一个软件、研究一项技术，也不是一个 IT 部门的任务，而是一项涉及技术、数据、业务、组织、流程、人才等多要素的复杂系统工程，"先开枪后瞄准"的数字化转型思维模式难以重塑企业价值体系。企业成功数字化转型需要不断强化系统性认识，加强战略性统筹布局，面向业务全局制定数字化转型总体目标、构建指标体系、规划转型蓝图、重点任务等，在转型战略统一引导下，遵循"小步快跑、快速迭代"原则，以核心业务数字化为切入点，逐步推动数字化转型落地。

1.1　围绕业务成功，制定企业发展的数字化战略

1.1.1　聚焦核心需求，明确数字化转型方向

　　当代最具影响力的管理咨询大师拉姆·查兰曾指出，"我们这个时代的不确定性远远超过以往任何时期，无论是在变化规模、速度，还是迅猛程度上，都与过去根本不在同一数量级上。"建筑企业面临的不确定性集中体现在发展格局、生产方式、商业模式、管理模式、产业生态五个方面的变化，如图 1-1 所示。以国内大循环为主体、国内国际双循环相互促进的新发展格局，为建筑企业高质量发展孕育新机会、新市场；建筑业生产方

式向绿色建造、工业化建造、智能建造、精益建造转型升级，催生一批新技术、新产品；建筑企业在竞争浪潮中，实践 EPC、投建营一体化、建筑全生命周期服务等创新商业模式，开启竞争新赛道；建筑企业从层级化向平台化、从条线化向一体化、从经验化向数据化转变，引领管理模式的新变革；建筑企业更加注重产业生态的整合，与金融业、互联网行业等跨界融合，实现生态发展的新范式。

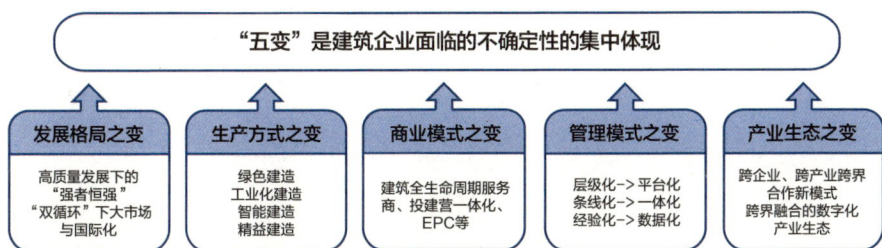

图 1-1　建筑企业面临"五变"

这种不确定性给企业带来挑战，同时也给企业带来机遇。经济学大师富兰克·奈特提出：企业的利润，正是由企业家处理"不确定性"的能力决定的。企业作为创造、传递、支持和获取价值的系统，处理"不确定性"的能力决定了企业价值，增强发展韧性是企业与不确定性共存的最佳路径。图 1-2 显示了建筑企业增强其发展韧性可以从两个方面入手，一是提升企业对现有业务的掌控力，比如增强设计、施工、运维等传统业务的核心竞争力，保持企业业务稳步增长；二是增强企业拓展力，顺应行业发展趋势，开拓企业新发展领域，催生新的增长点。

数字化是企业提升掌控力和拓展力，增强企业发展韧性的关键支撑。但当前大多数企业存在数据难掌握、部门难协同、趋势难看清、能力难复用等问题，导致数字化转型效果不佳。系统性数字化则是实现数据驱动、业务连接、趋势预判、能力复用的最佳路径。通过系统性数字化，一方面可实现动态感知、资源优化、预测预警、数据决策，重塑企业掌控力，使企业用得对人、管得住物、理得顺财、做得好事、看得清势，让项目成功；另一方面可实现能力沉淀、技术迭代、模式创新、产业协同，重塑企业拓展力，拓展企业客户、业务区域，拓展价值链、供应链和产业链等，让企业可持续发展，见图 1-3。

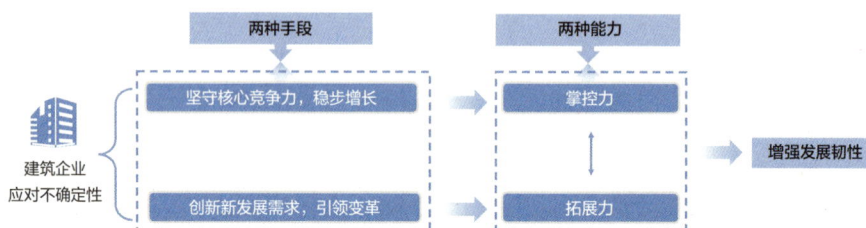

图 1-2　提升掌控力与拓展力应对不确定性

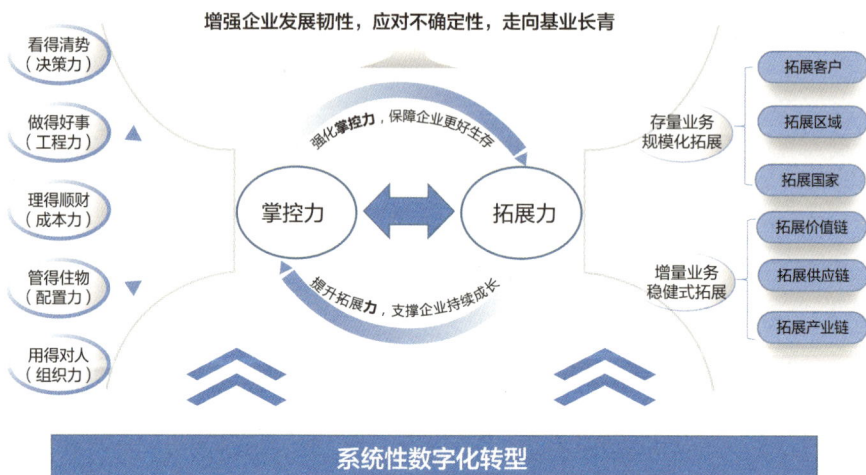

图 1-3　数字化转型重塑企业掌控力和拓展力

1.1.2　构建指标体系，量化数字化转型目标

聚焦重塑企业掌控力和拓展力的数字化转型方向，构建数字化转型指标体系，制定清晰、可衡量、可考核的数字化转型目标是转型成功的关键要素。其中掌控力助力价值体系重构具体表现为企业实现降本、提质、增效，加速管理升级，提升运营水平；拓展力则是基于核心竞争能力沉淀与复用，推动传统业务规模化发展，同时通过深化企业创新能力，拓展产业链，发展新业务模式，开辟新收入来源，推动企业价值体系重构。基于上述逻辑，建筑企业可以参照图 1-4 的示例，结合企业实际，制定符合自身特色的指标体系。在指标体系牵引下，梳理数字化支撑要素，构建数字化转型场景，形成 "PDCA（Plan 计划、Do 执行、Check 检查和 Act 处理）" 闭环，推动指标体系落实。

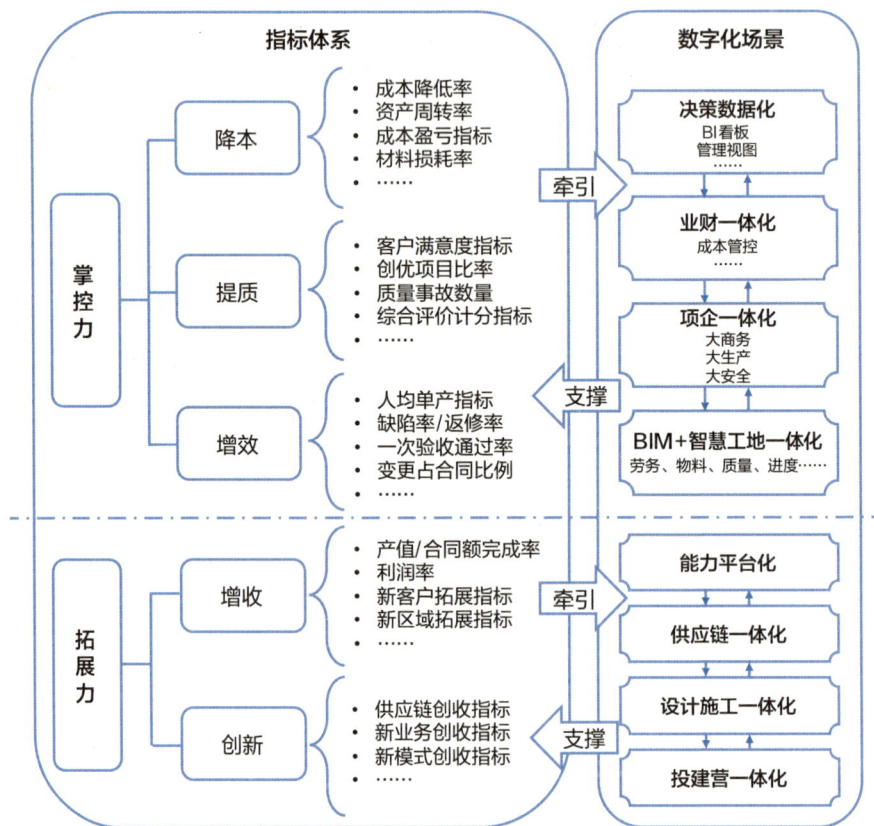

图 1-4　建筑企业数字化转型指标体系示例

1.1.3　规划转型蓝图，制定"业务＋数字化"融合战略

数字化转型蓝图是数字化转型进行全局有效协同实施的必要基础，以业务视角思考转型目标和路径，构建"业务＋数字化"融合战略，如图 1-5 所示，将依赖"人治"的散点式信息化架构进化为推行"数治"的系统性数字化战略，实现数字化转型从"0"到"1"的根本性突破。

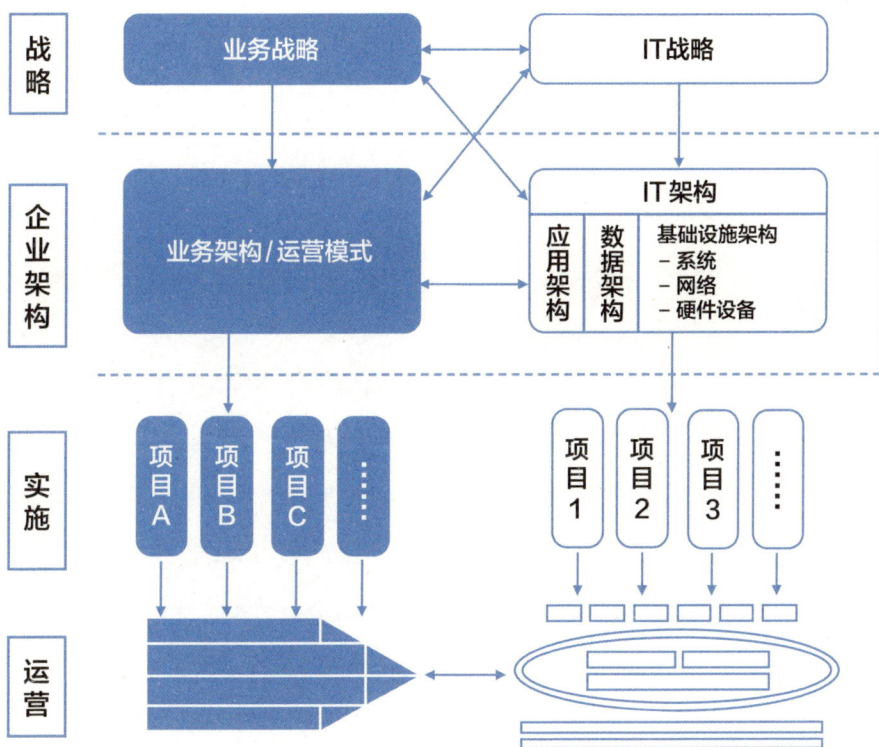

图 1-5　"业务＋数字化"融合战略

在业务战略方面，利用架构方法论描述企业战略、业务流程、组织、治理间的结构和交互关系，通过业务架构把企业的业务战略转化为日常运作，以施工企业为例，业务架构可参考图1-6。

在数字化战略方面，基于业务架构，将数字化转型落实到具体业务中，找到数字化技术对业务变化的支撑点，制定可演进、可持续发展的企业数字化转型蓝图，指引企业数字化转型开展。这里提供一个"1-3-4-3"通用蓝图，供参考借鉴，见图1-7。

"1"个目标：以系统性数字化重塑企业掌控力与拓展力为目标。

"3"大层级：打通项目、企业、集团三个层级。通过项目、企业、集团"三位一体"的数字融合，形成完整的数据中心，各层级负责人通过数据中心实时洞察项目建设真实情况，及时对项目做出正确预判和决策。

"4"大项目群：建设主价值链数字化、协同价值链数字化、支撑价值链数字化、决策指挥数字化四大项目群。面向企业核心业务建设主价值链数字化项目群，以设计、施工、运维等重点场景数字化为抓手，按照试点先行、迭代升级原则，逐步提升企业核心业务数字化水平；针对协同创新业务打造协同价值链数字化项目群，激发企业新经济增长点，延长企业产业链，形成产业链资源协同能力；支撑价值链数字化项目群主要实现企业运营管理和企业预算管理的数字化，通过重塑企业管理流程，打通企业横向"部门墙"，构建纵向贯通、横向协同的一体化管理能力；决策指挥数字化项目群针对企业战略管理，通过企业经营管理驾驶舱、重大项目作战室等建设，推动企业以数据驱动开展指挥决策。

"3"大平台：建立技术、大数据、云计算三大平台，消除信息孤岛，规模化企业核心能力，构建共性支撑。

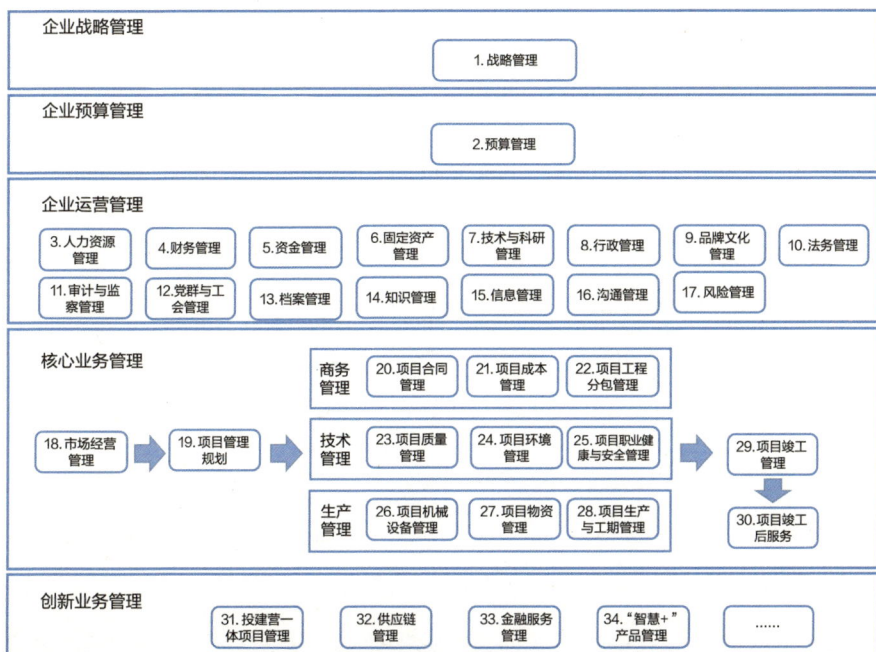

图 1-6　建筑施工企业业务架构

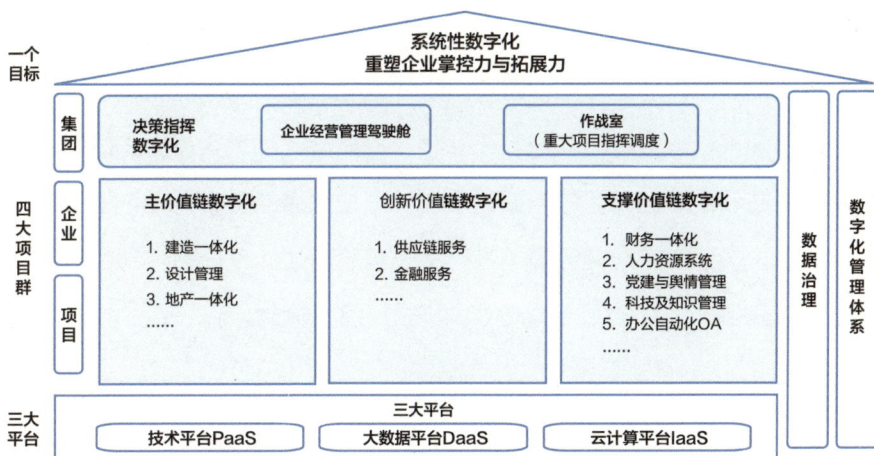

图 1-7　建筑企业数字化转型蓝图框架

1.2　紧抓核心价值链，规划企业转型策略与路径

1.2.1　立足价值牵引，找准转型价值切入点

在企业数字化蓝图规划下，找准转型切入点，用最短的时间、最优的成本，实现最大价值，是快速建立企业数字化转型信心、提速数字化转型的关键。企业的生存根基在于核心业务的高质量发展。就建筑企业而言，核心业务是工程项目，但单个项目的成功不代表企业成功，企业需要借助数字化转型，以每一个高质量项目为鉴，沉淀核心竞争能力，不断提升精细化管理经验，承接并做好多个项目，循环往复，辅以数据驱动的企业集约化经营，以数据协同促进企业层面的业务流、信息流、资金流、管理流四流合一，最大限度地实现各项目之间的有效资源配置与协同协作，提升企业竞争力。因此，以工程项目为抓手，以项企一体化为切入点，是建筑企业转型的重点。

以施工企业为例，工程项目数字化是在"人、机、料、法、环"等生产要素实现数字化的基础上，以"BIM＋智慧工地"为核心，建设数字项目集成管理平台，通过设计施工一体化，打通设计、采购与施工环节，以数字化驱动设计数据和工程数据的融合，形成大量的数据沉淀，围绕工程量、劳务人员、物料、商务等，进行科学集约管理，在项目内部实现可视化、系统化协作，让项目经理的指挥决策更加准确可靠，有效控制风险，成功履约。

在工程项目数字化的基础上，打造项企一体化场景，如图 1-8 所示。首先，实现项目各部门之间的一体化横向协同，推动多项目管理与业务协同；其次，实现企业与项目之间的一体化纵向协同，使企业及时掌握项目履约进展和执行偏差，严控风险，提升项目经营管理能力；最后，通过企

业各业务部门之间的横向协同，实现对全公司所有工程项目的进度、质量、安全、成本等全面跟踪和掌控。

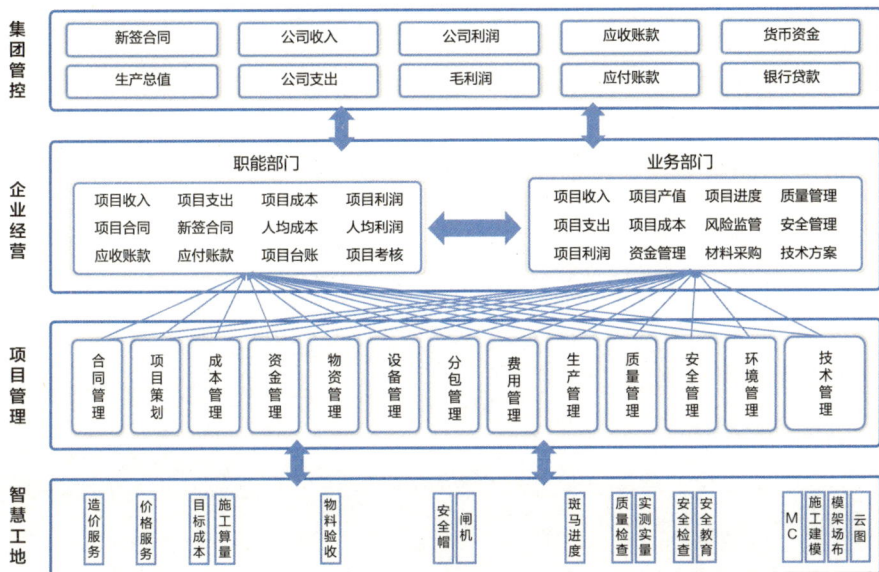

图 1-8　项企一体化示意图

1.2.2　明确转型路径，踏好"三步进阶"节奏

在找准企业数字化转型切入点、让数字化转型尽快见到成效的基础上，找到正确的转型路径将事半功倍。建筑企业数字化转型可以按照"业务数字化 – 能力平台化 – 数字业务化"三步进阶的节奏实施，如图 1-9 所示。首先，企业数字化转型以工程项目切入，率先实现业务数字化，提升业务水平，实现项目智能化、精细化管理，让项目成功；其次，深化至企业级平台，消除信息孤岛和数据壁垒，规模化提升管理效率，打造核心竞争力；最后，赋能数字化业务，利用数据提升资源配置和使用效率，高效决策，集约经营。

3 数字业务化
重塑经营

- 数字业务化，利用数据进行效率提升、集约经营、有效决策

2 能力平台化
重塑管理

- 消除信息孤岛和各种人为壁垒
- 规模化企业核心能力，将优势能力在企业内共享

1 业务数字化
重塑业务

- 看清企业业务水平
- 进行项目精细化管理
- 看准企业核心能力

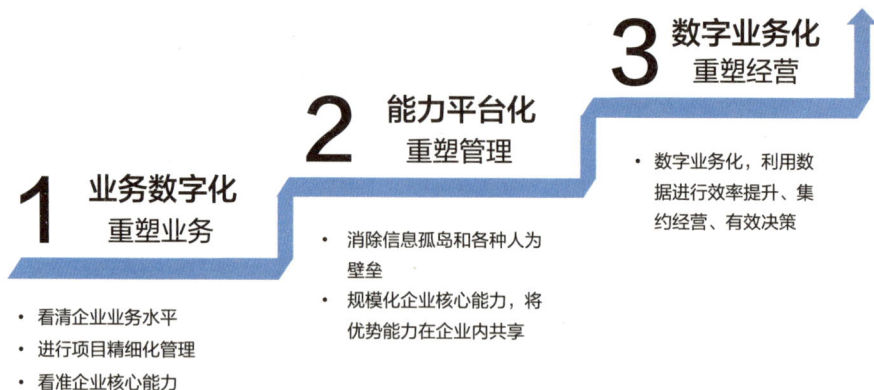

图 1-9　数字化转型"三步进阶"路径示意图

1. 业务数字化

　　业务数字化，是建筑企业在全面梳理核心业务的基础上，利用数字技术赋能，以数据为驱动，重塑核心业务。通过业务数字化，提升企业生产效率，巩固企业核心竞争力，助力企业实现智能化、精细化管理。

2. 能力平台化

　　能力平台化，是沉淀建筑生产能力、经营能力、市场能力、资源配置能力以及技术能力等核心优势能力，通过企业级平台，消除信息孤岛，在企业内部推动核心优势能力的共享。能力平台化的核心是业务中台、数据中台与物联网中台的联动。其中，业务中台支撑能力组件化，以服务化、组件化向外提供能力，让企业业务随需而变；数据中台整合孤岛数据，拉通企业数据价值链，沉淀数据资产，快速形成数据服务能力；物联网中台打通企业信息系统与物联设备间的连接，提供物联数据支撑。

3. 数字业务化

　　数字业务化是在业务数字化的基础上"用数据说话、用数据决策"，提高经营决策水平。通过数字业务化，将项目实施过程中的各种数据实时

汇集到企业管理层，管理层基于数据进行决策。用数据赋能决策，实现企业资源配置及经营决策能力升级。

1.2.3 遵循变革规律，系统推进数字化转型

企业数字化实施过程是发展理念、组织方式、业务模式、经营方式等全方位变革的过程，实施过程势必涉及管理流程、岗位职责以及组织机构的调整和优化。因此，数字化建设是企业在管理流程、运行方式、沟通方式等方面持续变革的过程，是企业管理习惯、员工行为习惯重大调整和变革的过程。在这场变革中，无论是管理者还是一般员工，都要适应新的工作方式，不断学习，提高素质，以适应企业数字化建设的需要，同时要遵循变革理论所要求的变化过程推进转型，图 1-10 展示了变革管理的规律曲线。

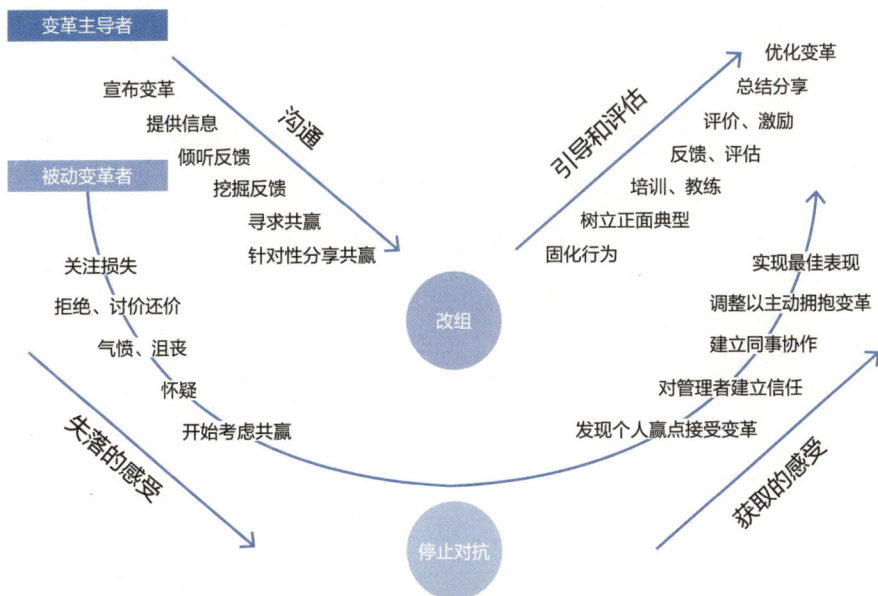

图 1-10 变革管理的规律曲线

　　"一把手"作为总牵头人，要认清变革难度及阻力，以变革理论为依据，从开展顶层设计－提升全员素养－完善转型基础－打造样板示范四个方面构建完整的任务体系，带领企业尽快度过数字化建设的"阵痛期"。

1. 制定切实可行的行动计划，明确关键目标和路径节奏

　　坚持系统观念，强化战略布局和整体设计，通过数字体检明晰数字化现状与业务数字化需求，借助标杆学习找准差距，二者结合描绘转型愿景，再综合技术成熟度与企业发展迫切性，制定切实可行的数字化转型路径与节奏，分阶段实现目标，在业务变化不断转型和升级过程中，带动企业全方位、全要素、全产业链变革。

2. 提升全员数字化素养，建立数字化转型文化氛围

　　开展专题培训、调研交流、政策宣贯、成果推广等活动，营造勇于、乐于、善于数字化转型的文化氛围，消除全员对数字化转型的疑惑与顾虑，达成全员数字化转型共识，提高领导班子对数字化转型重要性、紧迫性和系统性的认识，增强数字化转型机遇和风险意识；提升中层干部数字化管理能力，强化创新意识、变革意识和合作意识；激发一线员工参与和推动数字化转型的积极性、主动性、创造性，积极运用数字技术解决业务实际问题。

3. 完善数字化转型基础，巩固转型能力支撑

　　夯实企业数字化转型管理基础、数据基础、平台基础，保障数字化转型工作稳步推进。完善数字化转型组织架构，配套数字化转型管理体系，比如考核机制、容错机制、资金保障等，激发转型升级动力；提升数据治理水平，创新数据融合分析与共享交换机制，推动数据与业务融合，实现数据驱动，充分发挥数据要素"倍增器"作用；建立技术平台、数据平台、云计算平台，统一数据、技术和运营标准，形成企业基础数据底座，沉淀企业核心竞争力。

4. 推进主价值链数字化升级，打造数字化样板示范

推动数字技术与企业研发、设计、施工、运营等业务深度融合，建筑企业与行业内成熟的智能化、平台化应用技术厂商形成数字生态，二者合力精选重点项目，培育、拓展、集成、再造数字化转型创新场景，完成数字化转型的试点打样，通过总结试点成功经验并复制推广，最终实现以设计施工智能化提升生产效率，以经营管理数字化提升运营效率，以决策支持数字化提高决策能力，以产业系统生态化实现价值创新。

1.3　建立数字生态，构建数字化转型能力支撑

1.3.1　数字化转型成功需要构建数字化核心能力

建筑企业数字化转型成功，离不开数字化核心能力的构建。一方面，要求企业能够深化应用新型技术，赋能传统业务降本、提质、增效，推动业务规模化发展；另一方面，要求企业能够利用数字化转型，创新价值链、产业链、供应链，形成增量业务，构建竞争新势能。企业数字化转型是一个与时俱进、持续推进的动态过程。数字化能力将贯穿企业数字化转型全过程，构建数字化转型能力体系是企业数字化转型成功的基石。

建筑企业数字化转型能力具体可从数字化战略规划、IT 项目管理、数字化赋能、数字运营、数字生态整合五个维度构建，如图 1-11 所示。数字化战略规划能力可以赋能企业基于对新一代数字技术与数字化发展政策的掌握，编制符合企业自身发展需求的数字化转型战略；IT 项目管理能力是业务和 IT 建设管理等方面的复合能力，以 IT 逻辑解读业务，重构业务管理模式；数字化赋能能力是在现有技术能力的基础上，深化应用信息化技术，赋能业务加速创新转型；数据运营能力，一方面可基于数据进行效

率提升、集约经营、有效决策，另一方面探索数据价值变现，形成企业新经济增长点；数字生态整合能力是打破传统边界对于企业发展的束缚，推动产业之间跨界融合，在新的生态体系下，促进企业间数据、能力、平台共享，共同创造数字化转型价值。

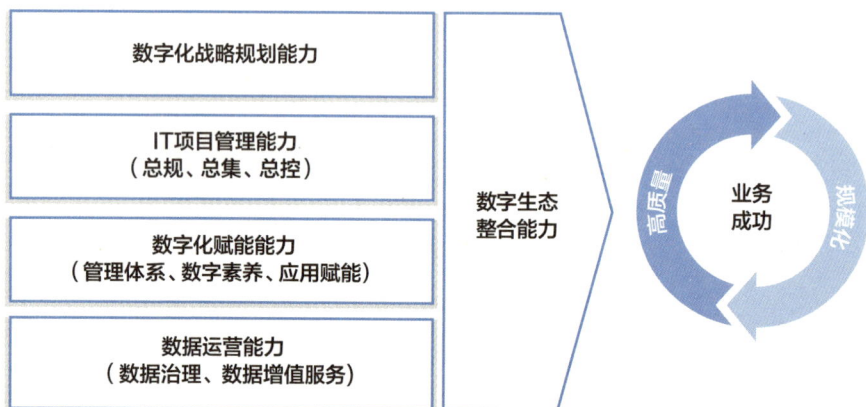

图 1-11　数字能力赋能转型成功

1.3.2　找对数字化使能者是构建数字化能力的关键

在数字化时代，基于上下游"服务提供、服务采购"的简单合作模式逐渐失效，"链式串接"向"网状互联"的合作方式成为行业共识。在数字化系统建设上，没有一家企业是全能选手，企业自主完成全部系统建设的难度非常大。联合使能者，以生态方式构建数字化系统，吸引更多类型企业优势互补、协同联动是建筑企业数字化转型的最优选择。

建筑企业数字化转型使能者主要是建筑科技企业。为更好地服务于建筑企业，使能者以技术为驱动，以客户为中心，高强度投入研发，以提供建设工程领域专业数字化应用为核心基础，以产业大数据、产业新金融等为增值服务，使能广大建筑企业，如图 1-12 所示。使能者通过专业能力、技术能力与服务能力等补足建筑企业数字化核心能力,其中专业能力提供从顶层设计、规划制定到落地实施以及评估检验等综合咨询服务,为伙伴提供系统性解决方案;技术能力为伙伴构建自主产权的技术平台;服务能力则侧重提供数字化转型培训、人才队伍建设、管理制度、数据治理、数据增值等一揽子定制化服务。

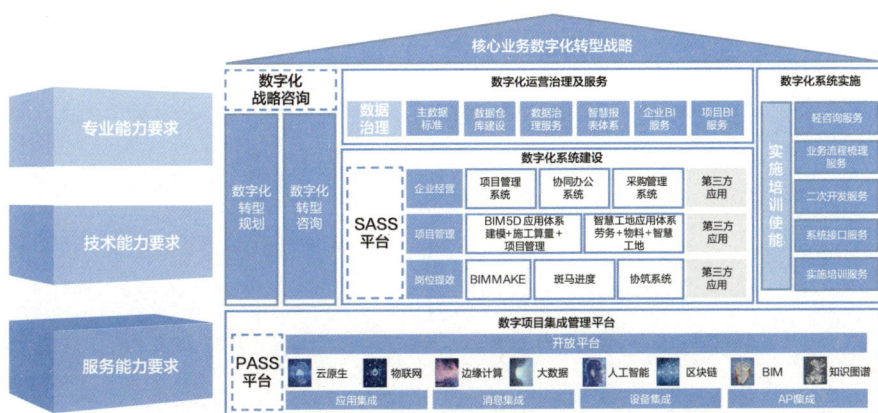

图 1-12　建筑企业数字化转型使能者

1.3.3　"两类主体"融合创新、共生发展

建筑实体企业和其成立的数字化运营公司,基于数字化系统建设所需的能力分层和角色分工,与使能者建立合作关系,保持合作发展,"两类主体"通力协作,共创共赢,形成数字化转型生态体系,见图 1-13。通过"建筑基因"与"数字基因"双基因融合,"建筑生态"与"数字生态"双螺旋发展,共同赋能建筑企业数字化转型成功。

建筑实体企业和其数字化运营公司,在"两类主体"的共同努力下,在数字化平台的支撑下,从横向与纵向两个方面,实现数字化升级与价值链的生态整合,见图 1-14。

提供价值 ＼ 参与主体	建筑业运营者		数字化使能者	
	产业实体企业	实体企业数字化运营公司	平台服务提供商（IaaS、PaaS、SaaS）	应用服务提供商（ISV、PSP）
资源 客户、项目、供应方、资金等	●	○	○	──
能力 行业能力、数字化能力	◐	○	◐	──
工具 应用软硬件、开发工具等	──	○	●	●

● 完全满足　　◐ 部分满足　　○ 基本满足，但有欠缺　　── 不满足

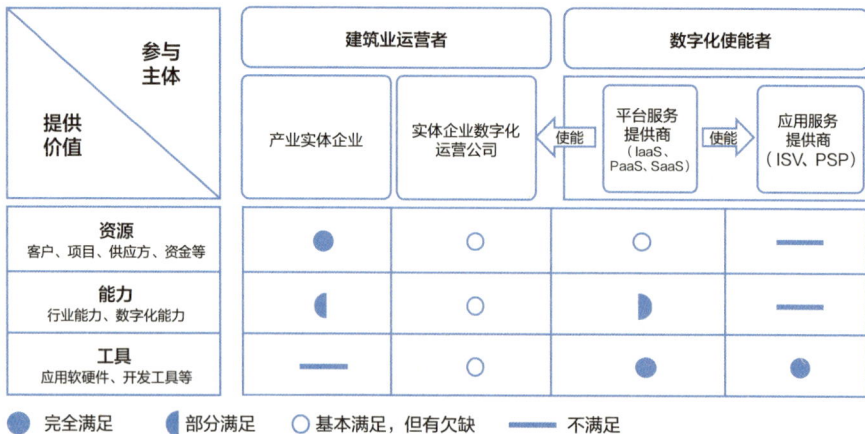

图 1-13　"两类主体"共同推进建筑企业数字化转型成功

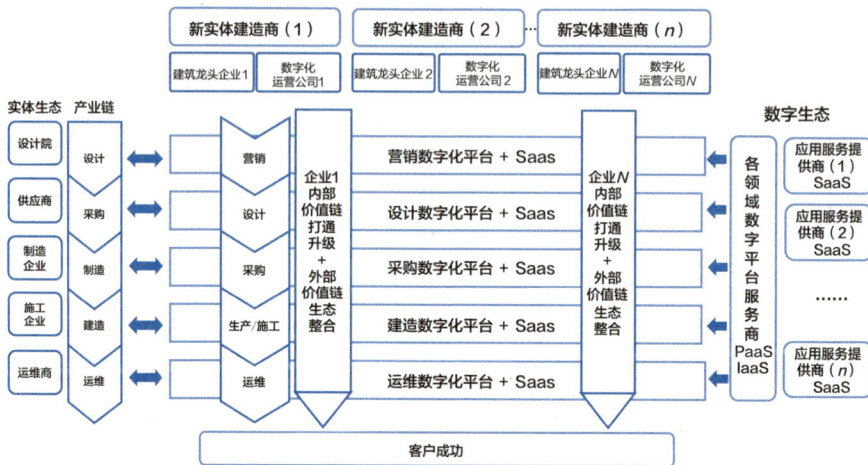

图 1-14　"两类主体"融合发展逻辑

　　横向上，在产业头部企业的各个业务环节上，比如营销、设计、采购、建造、运维等，企业的数字化运营公司可以基于数字平台服务商提供的平台，进行快速二次开发，为头部企业提供符合企业特点、按需定制的个性化平台＋APP，沉淀其先进的产业能力，实现龙头企业的业务数字化，完成在单业务环节的数字化整合。同时，数字化运营公司还可以通过为产业头部企业生态中的中小企业提供APP服务，赋能中小企业，统一数据标准，提高企业整个生态的竞争力。还没有加入生态的中小企业则可以通过数字平台服务商的数字化服务，迅速达到头部企业的数字化标准，快速接入到生态中，不仅增强了自身抵抗风险的能力，也壮大了头部企业的生态力量。

　　纵向上，通过数字平台的强大整合能力，将各个业务平台打通，实现各业务生态的一体化，完成价值链的生态融合。通过横纵的双向打通，"一纵到底、一横到边"，越来越多的企业可以实现数字化升级与价值链生态整合，产生产业链贯穿后带来的高效联动效应，最终打造出建筑产业新生态，实现整个建筑产业的转型升级。

第 2 章

数字化助力
施工企业高质量发展

2.1 系统性数字化，重塑企业掌控力与拓展力

"十四五"时期是我国建筑业转型发展的关键期，加快新一代信息技术与建筑业深度融合、切实提升建筑业发展质量和效益，是未来建筑业转型发展的重点方向。施工企业作为建筑业的核心主体之一，开展施工企业数字化转型，推动施工企业数字化、网络化、智能化发展，是建筑业转型发展的关键。

施工企业数字化转型，一方面旨在通过数字驱动管理决策，提升企业掌控力，让企业"看得清、理得顺、控得住、管得细"，支撑核心主业稳步发展；另一方面，通过数字驱动创新变革，增强企业拓展力，让企业核心能力平台化，推动企业存量业务规模化扩张和增量业务创新式拓展。目前施工企业整体数字化程度仍处于低位，还有着巨大的潜力和发展空间，开展数字化转型，对提升企业掌控力与拓展力、增强企业发展韧性、抵御企业面临的不确定性风险具有重要意义。

2.1.1 问题导向，企业数字化转型行之惟艰

当前，对于"数字化转型要不要做"，企业已形成共识，普遍认为在数字经济时代，国家不转要落后、行业不转被整合、企业不转被淘汰，数字化转型是生死攸关的头等大事。然而，如何科学有效地转型，尚未出现统一的教科书式的方法。审视企业进行的数字化转型实践，大多数企业存在转型进展缓慢、转型效果未达到预期的问题。由表及里，这与背后的数据孤岛、单点建设与流程思维等息息相关。

1. 业务分割与组织割裂导致数据孤岛

不少企业的各业务线独立运行且标准不统一，比如生产管理、安全管理、物资管理等，容易形成筒仓效应，导致业务分割。同时集团、公司、

项目之间分层、分业务设计的组织管理模式，容易导致组织割裂，组织间无法形成统一的业务术语。这使得各应用系统的数据仅在各自系统内流转，导致数据统筹采集难、数据统计难，产生决策难、跟进难的问题，如图 2-1 所示。

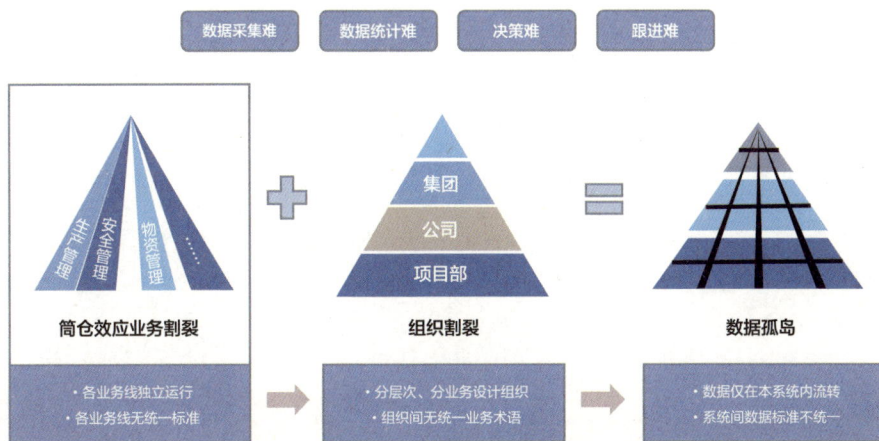

图 2-1　业务分割与组织割裂导致数据孤岛

2. 单点碎片化的系统未能有效连接与协同

从横向部门来说，目前不少企业已经陆续建设了包括财务、人力、办公、项目管理、采购管理、市场营销等方面的业务应用系统，但这些系统建设呈现碎片化特点，业务系统之间没有形成有效连接，导致数据不通、资源不通、业务不通、管理不通，业务协同化效应尚未完全实现，协同化智能决策受阻，无法形成整体价值最优，如图 2-2 所示。

从纵向项目管理来说，大多数施工企业由于行业管理要求或自身管理需求，进行了智慧工地的建设，解决了业务层面的部分需求，但也普遍存在项目工地现场数据与企业未顺畅连接打通的问题，导致企业和项目之间信息不对称。

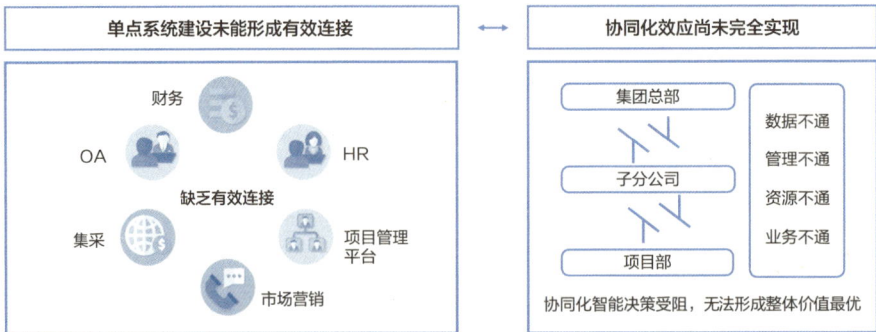

图 2-2　单点碎片化的系统未能有效连接与协同

随着企业开展工程项目越来越多、地域越来越广，项目呈现点多、面广、线长、管理难度大的特点，无法同步实现多项目管理效率的保障，管理者做决策时没有充分的数据支撑，无法充分预判未知风险，出现"盲签"等现象。这亟须开展一体化的业务建设，促进数据的连接互通，通过横向各部门之间以及纵向公司与项目之间的互联互通，打通项目与企业数据，最终创造数据协同价值。

3. 偏重流程驱动，未能形成数据驱动的有效预判和决策

大多数企业开展了数字化前半程的建设，即将线下的业务搬到线上，开展业务数字化建设，实现了基于流程驱动的管理，在这个过程中也积累了大量的文本、图纸、模型等数据。基于流程驱动的数字化，在一定程度上提升了企业管理效率，但并没有改变企业组织和业务模式存在的不足，比如信息传递跨度长导致牛尾效应、以管控为导向疏忽客户体验和价值创造、经验决策局部最优并非整体最优、事后决策与信息传递延迟导致风险未预判等，见图 2-3。

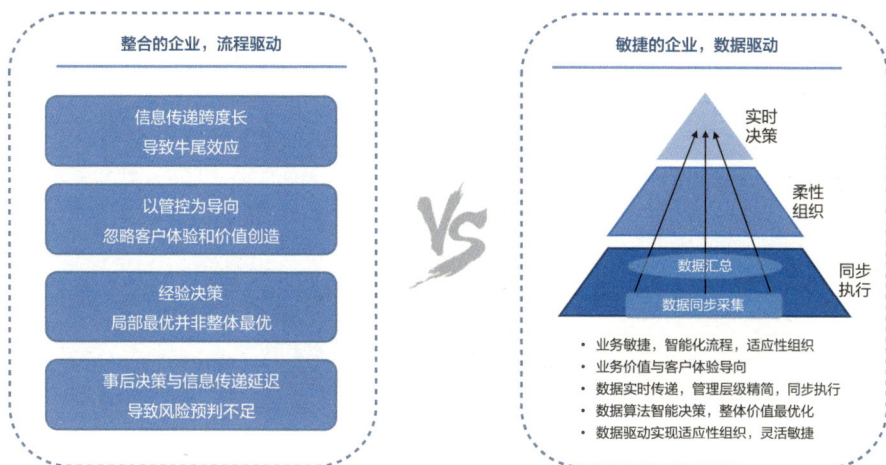

图 2-3　流程驱动 VS 数据驱动

2.1.2　认清本质，大力推进系统性数字化

传统分割的、碎片化的数字化供给已经不能满足新阶段施工企业高阶的数字化转型需求，这亟须开展系统性数字化转型建设，推动企业提升掌控力与拓展力。系统性数字化以三元系统论为基础，以"数据＋连接＋算法"为核心，以一体化平台为支撑，通过打造以"BIM＋智慧工地一体、项企一体、业财一体"等为代表的重点数字化场景，推动全方位、全链条、全要素的数字化，提升企业的掌控力与拓展力，促进企业规模化高质量发展。

1. 系统性数字化的本质特征是"数据＋连接＋算法"

"数据、连接、算法"是系统性数字化的三个本质特征，也是系统性数字化要重点做好的三个方面，如图 2-4 所示。

数据是对事物的性质、状态以及相互关系的客观记录。数据已经成为产业发展新的生产要素。通过对数据加工，形成有价值的信息，继而形成对客观规律的认识，从而进行智慧决策，因此获取"及时、准确、全面"的数据是数字化转型的基础。

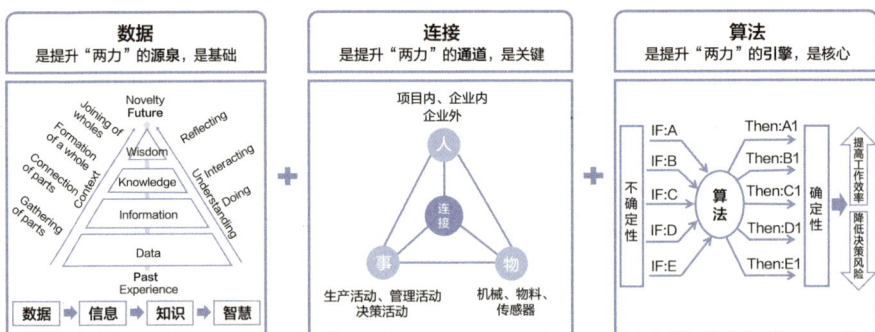

图 2-4　数据＋连接＋算法

连接把各部门、各层级、各主体进行连接，让数据在约定的协议下高效传输，能打破信息孤岛、解决信息不对称问题，实现组织之间的信息透明、高效沟通。通过数字化连接建立组织间的合作关系，让系统统筹判断成为可能，是数字化转型的重要支撑。

算法代表着用系统的方法描述解决问题的策略机制。算法是数字化转型从流程驱动向数据驱动转变的关键，利用"数据＋算法"可发现价值、提升认知能力、拓展对产业变革洞见能力，基于数据驱动的算法是数字化转型的核心。

2. 系统性数字化是全面的、一体的、数据驱动的数字化

系统性数字化利用物联网、大数据、人工智能等现代信息技术，建立起"人、机、料、法、环"等全要素数据资源体系，实现"集团、企业、项目、岗位"之间的全方位连接，推动企业全链条智能化协同，解决传统数字化面临的难题，是施工企业数字化转型的破局之道。

（1）系统性数字化是全面建设的数字化

1）全要素的数字化，构建数据资源体系

围绕工程建设管理涉及的五类关键因素"人、机、料、法、环"，构建全要素数据资源体系，通过物联网技术支撑下的智慧工地建设，实现对相关数据的采集传输和处理，形成全要素的数据资源体系。

2）全方位的数字化，构建全连接业务体系

全方位开展数字化转型，通过对项目现场关键要素的数字化，实现数据自动采集，提升岗位层高效化作业能力；通过生产活动的数字化和工程现场的实时互联互通，赋能企业提升项目管理能力，实现项目层精细化管控；通过管理活动的数字化加强各职能交圈，沉淀管理经验，实现企业层集约化经营和数据化决策；通过数字化赋能整合上下游产业链，打造生态协作能力，实现价值链上下延伸，协同共赢发展。同时，数字化转型要兼顾各业务条线的核心需求，将全新管理理念和数字化技术广泛运用到企业的商务线、技术线、生产线，融会贯通，形成"四层三线"的全方位数字化转型格局，如图 2-5 所示。

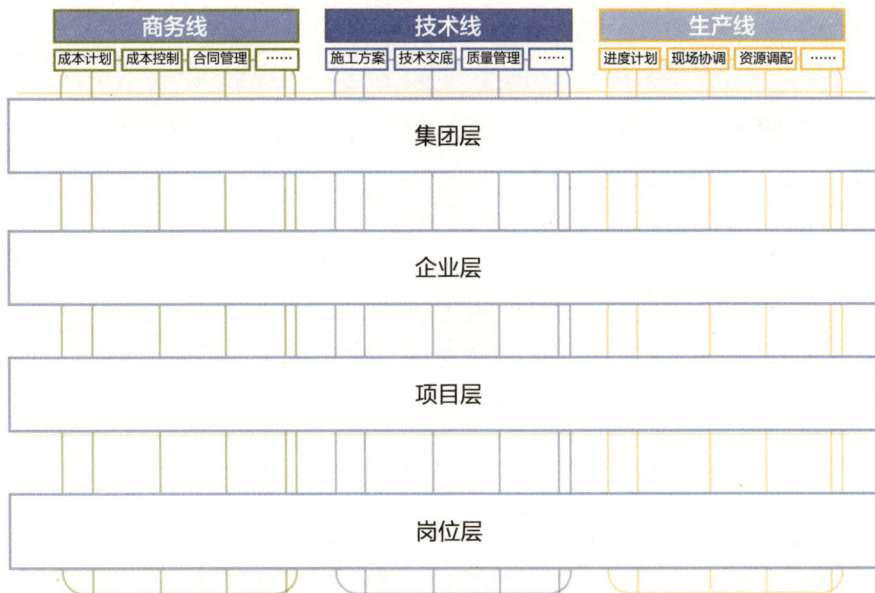

图 2-5　全方位数字化转型格局

① 岗位层：高效化作业

岗位是工程项目的最小生产单元，也是数字技术最有力的融合点，以生产要素数字化带动岗位高效作业是企业数字化转型的基础。在项目现场，人员数字化能够精准定位每个工作面的工人数量、工种分布、工作时间和出勤情况，实现劳务合理调配；机械数字化可监控大型设备的工况、运行故障和能耗情况，实现机械的高效利用；物料数字化对物料进出场、堆放情况、消耗节奏进行实时监控，实现精细化管理，避免浪费；安全数字化利用 AI（Artificial Intelligence，人工智能）智能识别技术，主动识别安全隐患，大幅度降低安全事故频率；环境数字化利用物联网技术实时监测 $PM_{2.5}$、深基坑变形等异常情况，最大限度地降低对项目现场的不良影响。因此，岗位层数字化是提升岗位作业质量和效率最基础的要素，可以有效地促进项目整体效率提升。

② 项目层：精细化管控

工程项目是建筑企业的核心业务单元，项目的成功与否是决定企业能否可持续健康发展的根本。项目层数字化，是在生产管理要素数字化的基础上，将进度、质量、成本、安全、技术等一系列生产活动数字化，并结合数字孪生实现建筑实体数字化，将项目的物理信息、管理信息、功能信息在计算机中进行表达，模拟各种管理方案以寻求最优解，推动项目组织管理与决策的数字化，全面提升项目的集成化和精细化管控水平。

③ 企业层：集约化经营

当岗位层和项目层的数字化进行到一定阶段，可以进一步开展企业层数字化。单个项目的成功不代表企业成功，只有将数字化的价值发挥到极致，以网络协同效应促进企业层面的业务流、信息流、资金流、管理流等被打通，实现"四流合一"，才能最大限度地实现各项目之间的有效资源配置与协同协作，在企业数据积累的基础上，基于数据驱动助力企业集约化经营管理。

④ 集团层：数据化决策

集团层是企业战略决策的中心，通过充分挖掘数据价值，结合具体业务场景的决策需求，利用"数据＋算法"找出数据中的规律，发现数据价值、提升认知能力，推动企业利用数据进行效率提升，利用数据进行集约经营，利用数据进行有效决策。

3）全链条的数字化，推动产业链协同发展

随着建筑行业高增长阶段的落幕，市场逐步趋于成熟，企业发展也逐渐从要素管理转向资源整合，未来已经不是企业与企业的竞争，而是以企业为核心的产业链生态之间的竞争。全链条数字化，是以产业互联网平台为载体，构建建筑业多方共赢、协同发展的生态系统。通过建筑产业互联网平台，建立工程项目全产业链、全价值链的连接，优化行业内全要素配置，促进全产业链协同发展，提高整体效益水平，支撑建筑产业向工业级精细化方向转型升级。通过产业链相关方在平台上大规模、生态化聚集，共同完成建筑的设计、采购、生产、施工与运维，形成一个功能强大且极具竞争力的商业生态集群，实现"产业链垂直融合、价值链横向整合、端到端的撮合"，连通直接产业链与间接产业链，形成开放、共享、生态共聚的产业新生态。

（2）系统性数字化是一体化建设的数字化

系统性数字化在一体化平台支撑下，建设一体化的数字业务体系。具体来说，重点包括以下几个方面：

构建一体化的支撑平台，沉淀企业核心能力。通过一体化的数字建筑平台，以"平台＋组件"的模式，让企业业务数字化发展随需应变，赋能企业高效开展生产经营与管理。

打造一体化数字化的管理决策能力，提升企业掌控力。通过构建

"BIM＋智慧工地一体化"的项目现场管理体系，构建"项企一体化"的项目集约化管理体系，构建"业财一体化"的业务财务管理体系，实现工程生产线、技术线、商务线的高效协同，让每个工程项目成功。

打造一体化数字化协同创新能力，提升企业拓展力。通过构建"设计施工一体化"全过程支撑体系，构建"供应链一体化"资源配置体系，开展"投建营一体"全产业链管理应用，助力企业实现业务开拓创新。

（3）系统性数字化是数据驱动的数字化

通过获取"及时、准确、全面"的数据，在业务开展过程中，随着数据逐步积累，可基于数据开展业务洞察，优化业务决策。同时这些数据是实时处理和共享的，集团层能够随时直接连接到项目源头数据，将数据嵌入到决策场景，避免风险预判滞后，做出更优的决策。

建立有效的指标体系也是数据驱动决策的重要环节，基于优秀的业务经验沉淀，通过集成算法模型和指标判断体系，促进实时检视企业风险，形成风险发现、分析、处理、解决的闭环。

2.1.3 价值驱动，系统性数字化推动企业"两力"重塑

系统性数字化通过构建一体化的支撑平台，打通全生命周期数字化服务链条，让各阶段数据产生"化学反应"，打造全过程数据驱动决策的应用场景，重塑企业掌控力与拓展力，构建企业核心竞争力。

1. 能力平台化，沉淀企业核心能力

通过一体化的数字建筑平台，沉淀企业核心能力（图 2-6），赋能企业高效开展生产经营与管理。让企业在单个项目成功的基础上，通过能力平台支撑，实现项目集约化经营，促进企业对存量业务进行规模化拓展。通过"平台＋组件"模式，实现对未来不同业务支撑的不断定制化扩充，支撑增量业务的创新发展。

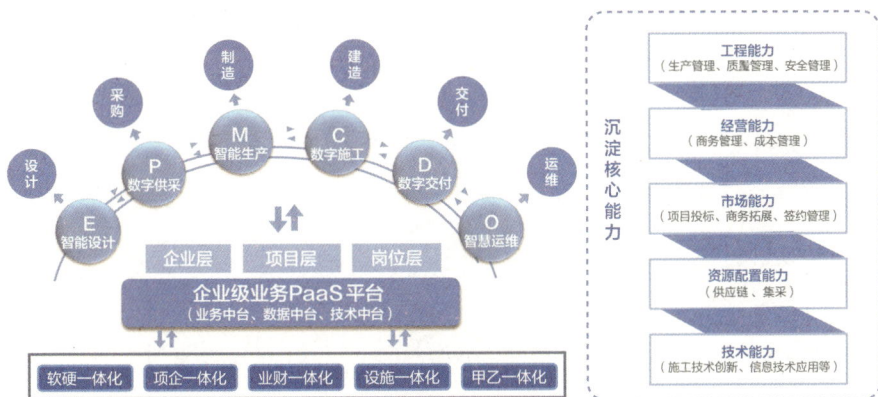

图 2-6　能力平台化

2. 数据驱动管理决策，提升企业掌控力

系统性数字化通过数据驱动管理决策重塑企业掌控力，主要体现在项目、企业、集团三个层面。项目作为执行单元，通过 BIM ＋智慧工地一体化等方式，实现精细化管控，做到做得好事、管得住物、用得对人；企业作为经营管理中心，通过项企一体化实现集约化管控，并采用业财一体化实现协同化管控，从而做得好事、理得清财；集团作为战略中心，通过决策数据化实现智慧化决策，从而看得清势，如图 2-7 所示。

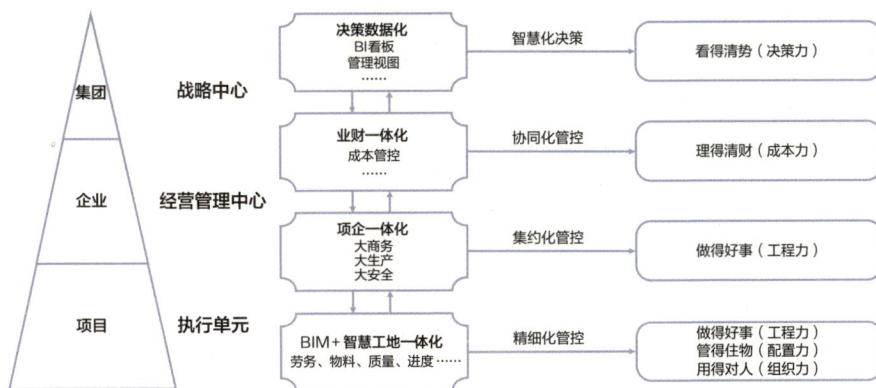

图 2-7　数字化提升企业掌控力重点场景

（1）决策数据化

数字化带来的丰富数据给决策数据化带来可能，通过开展系统性数据治理，利用大数据分析量化企业面临的不确定性和风险，为企业组织工程建设运营提供全面的决策依据，促进企业管理由传统的流程驱动到数据驱动的转变，创新企业发展动能。

（2）业财一体化

业财一体化的基本思想是围绕收入、支出两条线，以业务为龙头，横向打通业务、财务、资金、税务等数据，并且以财务核算和资金支付为抓手，促进业务过程的规范和数据的精准。比如通过收付款集成，实现业务管理与财务管理融合。以前收付款的数据只掌握在财务人员手中，经营人员看不到完整的结果，融合后经营人员也能够看到合同金额、履约金额、结算金额以及收付金额，实现合同全生命周期闭环管理，从而解决了业财数据"两张皮"的问题。通过凭证集成，统一核算规则，统一凭证模板，实现业务单据准确及时地自动生成会计凭证。通过费用集成，实现项目成本管理的闭环，使项目成本更加完整。

业财一体化有利于企业业务工作与财务管理紧密融合，保证经营业务数据的准确性，同时发挥财务管理对业务环节的有效监控作用，对项目执行全过程跟踪管理，实现对企业业务活动的项目前期可行性论证、项目中期实施、项目后期决算的全程动态监督，提升企业效益，规避项目风险，如图 2-8 所示。

（3）项企一体化

项企一体化以项目业务数字化为基础，以数据自动流转、数据驱动业务为支撑，通过横向各部门之间的数据互联互通以及纵向公司与项目之间的互联互通，打通项目与企业数据，同时支撑打通业务与财务数据，实现数据的协同、管理的协同，如图 2-9 所示。

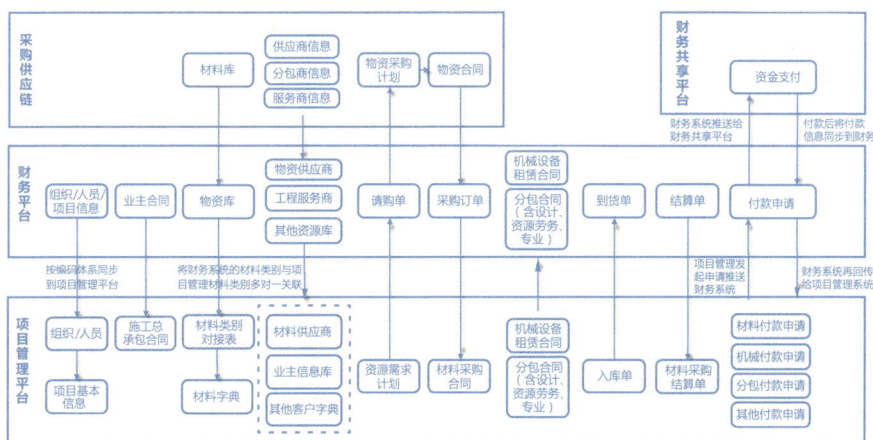

图 2-8　业财一体化

图 2-9　项企一体化

　　项企一体化的数据协同主要分为三个层面。首先，项目各部门之间的一体化横向协同，主要包括进度管理、技术管理、质量管理、安全管理、环境管理等与项目生产相关的业务协同，协调项目各参与方、各专业、各工种，做好项目生产的计划、执行、检查、纠偏过程管理工作，并实现生产活动的横向互动，保障项目达到预期生产目标。其次，企业与项目之间的一体化纵向协同，以合同管理为主线、成本管理为核心，实现劳务、物资、机械、分包从合同签订、合同交底到履约、结算、付款的全过程管控，掌握项目履约进展和执行偏差，严控风险，提升项目经营管理能力。再次，实现企业各业务部门之间的横向协同，各部门对项目关键节点、重要指标做垂直监管，对全公司所有工程项目的进度、质量、安全、成本等项目情况进行全面跟踪和掌控。

项企一体化将数据填报变为智能采集，通过 IoT（Internet of Things，物联网）、BIM（Building Information Management，建筑信息模型）、移动互联网等技术实现智能采集，提高数据采集效率，提高数据采集准确性，让管控有据可依。实现数据的互联互通，创造数据协同价值。推动业务管理从流程驱动到数据驱动，用数字控制生产管理全过程，积累企业数据资产，用数据说话，为企业管理赋能。

（4）BIM＋智慧工地一体化

项目数据是施工企业数字化的源头，通过 BIM＋智慧工地一体化管理系统可支撑工程项目管理全过程，如图 2-10 所示。在设计阶段贯通概念设计、方案设计、初步设计、施工图设计等各环节的设计与分析；在施工阶段可用于各专业深化设计、施工策划与场地规划、方案比选与优化，施工过程中的进度、质量、安全、成本等方面管理，以及人员、机械、物资、环境等要素管理。

在施工过程中，深入聚焦施工现场，实时感知，通过物联平台实现硬件一站式连接，集成数据采集，形成项目数据中心。围绕施工业务精细化管理，基于专业管理软件及管理经验，充分利用 BIM 技术，形成项目管理中心，实现精细化管理。不断积累数据，实现智能决策；基于现场数据和管理活动数据，让项目管理者能便捷、全面地掌控项目进展，辅助管理者做出各项分析决策。

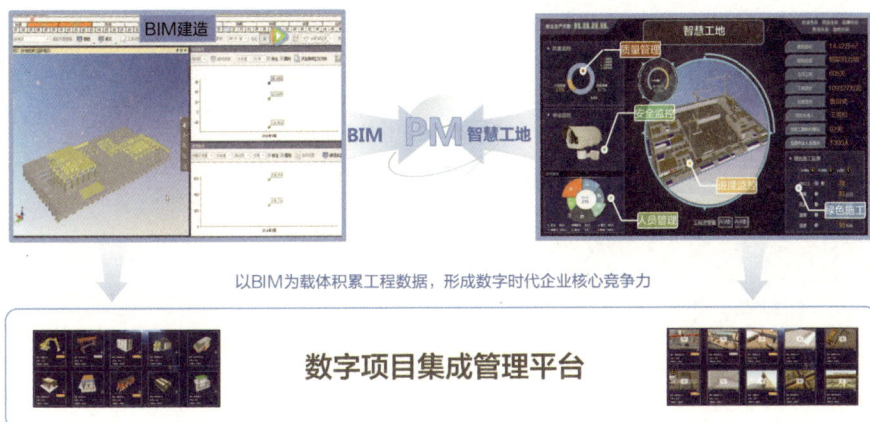

以BIM为载体积累工程数据，形成数字时代企业核心竞争力

数字项目集成管理平台

图 2-10　BIM ＋智慧工地一体化

3. 数据驱动协同创新，增强企业拓展力

系统性数字化通过数据驱动协同创新，重塑企业拓展力，主要体现在存量业务规模化拓展和增量业务稳健式拓展，如图 2-11 所示。存量业务规模化拓展基于能力平台化，沉淀共性核心能力支撑业务拓展；增量业务稳健式拓展是在一体化平台支撑下，通过供应链一体化、设计施工一体化、投建营一体化等方式，拓展供应链、价值链和产业链等。

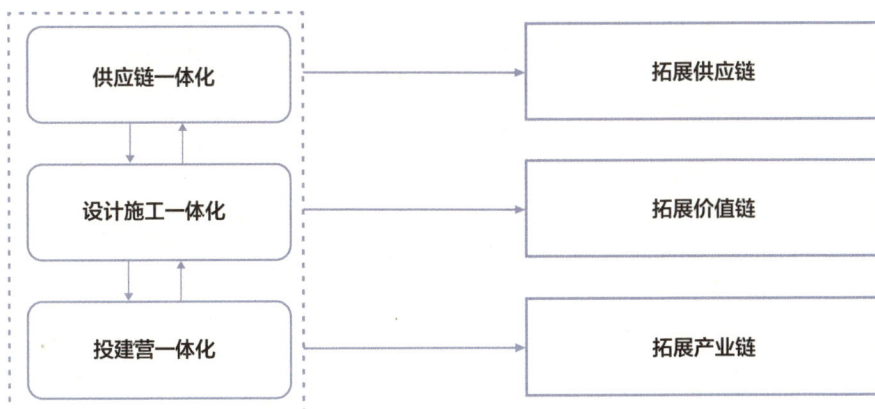

图 2-11　数字化提升企业拓展力重点场景

（1）供应链一体化

建立供应链一体化的管理模式，基于数智技术的资源整合协同能力，建立多方联动、良性循环的数字化供应链生态圈，提供快速按需服务的能力，以及全面的供应链执行能力，优化资源配置效率，推动企业降本增效。

（2）设计施工一体化

通过设计施工一体化的建设方式，拓展企业价值链。基于 BIM 的设计施工一体化，打通涵盖设计、算量计价、招标采购、生产、施工、交付各个环节信息联系，支撑建造信息在建筑全生命期的数据传递、交互和汇总，真正实现数字化、一体化。设计施工一体化有利于工程开发各阶段之间的衔接配合，有效避免各阶段脱节引发的差错、遗漏、变更等，避免工程返工及业务纠纷，缩短建设工期，提升建设质量。

（3）投建营一体化

通过投建营一体化的业务模式，拓展企业产业链。依托企业一体化支撑平台，推动企业在投资、设计、采购、施工、运维等阶段的协同集成管理，实现对建设项目的统一管控，提升企业生产运营效率，帮助企业更好地适应国内统一大市场和国际化拓展的发展需求。

2.2　标杆案例：逐梦高质量发展，陕建数字化转型迈向星辰大海

从工程兵整建制转业，到营收突破千亿元、整体主板上市，72 年的发展历程，陕西建工控股集团有限公司（以下简称陕建）一路披荆斩棘，走到了冲刺世界 500 强的路口。

冲刺世界 500 强，陕建的底气来自哪里？是陕建人"努力到无能为力，拼搏到感动自己"的传承基因，还是一座座"鲁班奖"小金人？或许从陕建总经理毛继东的一番话中，可以窥见答案。

"陕建与资源型企业不同，它是完全竞争性行业，这个领域强手如林，没有最高端，只有更高端。只有不断创新，才能在竞争中立于不败之地。"陕建总经理毛继东如是说，"无论是和优秀的同行相比，还是和自己的目标相比，都远未到可以骄傲地松口气的时候。面向未来，陕建必须在高质量发展中实现新飞跃。"

瞄准降本增效，以数字化创新提供助力，这正是隐藏在陕建高质量发展背后的密码。

2.2.1　开局："168"领航新征程

在回望过去中总结经验，在把握现在中守正出新。"十三五"期间，陕建提前两年实现营收规模过千亿，成功登陆 A 股市场，收入实现年均 17% 的复合增长率。"但在'十四五'期间，陕西建工面临新一轮的行业竞争和一些新的管理问题。"陕建党委书记、董事长张义光如是说。一方面，建筑行业已经从高速发展向高质量发展转变，需求侧在萎缩，供应侧在加压，传统建筑业的竞争对手又加入了互联网龙头企业，行业竞争在加剧，数字化转型成为共识；另一方面，按照国务院国资委对标世界一流管理提升的要求，陕建尚有差距与不足。怎样通过数字化转型赢得竞争优势，是陕建高质量发展需要破解的难题。陕建集团党委常委、陕建股份总经理莫勇表示，"高点起步、规划先行、组织创新，正是陕建集团数字化转型的特色所在。""168"数字化转型战略应运而生，如图 2-12 所示。

在"168"战略引领下，陕建进行了组织创新，术业有专攻，把专业的事交给专业的人来做。2017 年，陕建成立信息管理部，统一制定了关键标准制度，加强系统集成化管理；2021 年，陕西建工集团数字科技有限公司（以下简称陕建数科）成立，见图 2-13。陕建数科将通过市场化手段、公司化运营，用好陕建在数字集采、BIM 智慧工地等领域的数据资产，进一步整合优质资源，推动集团数字化能力建设的提质增效。

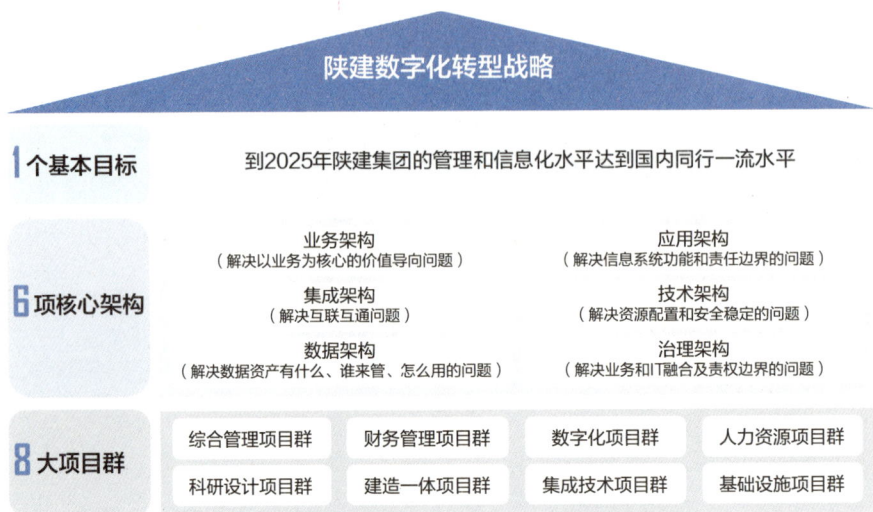

陕建数字化转型战略

1 个基本目标	到2025年陕建集团的管理和信息化水平达到国内同行一流水平	

6 项核心架构	业务架构 （解决以业务为核心的价值导向问题）	应用架构 （解决信息系统功能和责任边界的问题）
	集成架构 （解决互联互通问题）	技术架构 （解决资源配置和安全稳定的问题）
	数据架构 （解决数据资产有什么、谁来管、怎么用的问题）	治理架构 （解决业务和IT融合及责权边界的问题）

8 大项目群	综合管理项目群	财务管理项目群	数字化项目群	人力资源项目群
	科研设计项目群	建造一体项目群	集成技术项目群	基础设施项目群

图 2-12　陕建集团"168"数字化转型战略

图 2-13　陕建数科成立仪式

（广联达、腾讯云、华为、百度等合作伙伴共同为陕建数科开业按下"启动键"）

注：广联达科技股份有限公司简称广联达；华为技术有限公司简称华为。

2.2.2　溯源：日销 53 亿元的神话

2021 年"双 11"期间，华山云商平台的 GMV（Gross Merchandise Volume，商品交易总额）突破 40 亿元。2022 年"6·18"电商节，平台当日实现交易额 53.2 亿元，创历史新高。亮眼数据的背后，是陕建的"大集采"在发力。

什么是"大集采"？

2021 年第三届建筑供应链大会上，陕建集采中心经理、陕建物流集团党委书记、董事长周鹏的致辞，对陕建的"大集采"做了生动总结，"近几年陕西建工集团在集采工作的转型升级方面取得了不错的成绩，通过结合互联网思维、整合理念、平台化运营模式，搭建了'陕建云采'和'华山云商'两大平台，通过'陕建云采'实现了全集团的线上招标投标业务，并通过交易不断积累数据，实现了集团化集中采购的最佳实践路径；通过'华山云商'强化了资源整合力度，以线上一站式采购平台与便捷服务简化了采购流程，逐步使得陕建形成规模化的谈判优势，同时降低各级沟通成本，达到降本增效的作用，并促进外部合作和集团内部的优势资源共享互补。"

万事皆有因，回到陕建探索"大集采"的起点。随着"十二五"圆满收官，陕建开始思考"十三五"期间如何使企业规模再上新台阶、企业效益更上一层楼。通过对公司各级二级单位调研，陕建发现这些单位的一个共同点：实施成本管控。成本管控关乎企业生存，是不变的真理，只有成本管控做得好，企业效益更上一层楼才更容易实现。那如何从集团层面提升各单位的成本管控成效呢？陕建回到问题的核心——工程项目成本。众所周知，工程项目的成功是建筑企业发展的基石，工程项目成本对建筑企业成本的影响不言而喻。数据分析显示，建材物资成本是工程项目成本的大头，约占总建造成本的 50%～70%，企业要提升成本管控，从建材物资入手是首选。

推本溯源，陕建着手分析建材物资采购面临的问题，发现各分子公司有采购需求，各项目工地也有采购需求，采购过程不透明、不清晰现象凸显，导致产品交付品质难保障、采购资金周转慢，暗箱操作等屡见不鲜。对于陕建而言，面对的是数千家的供应商，采购的错综复杂程度可想而知。建材物资采购的规范化、透明化，成为迫在眉睫的事情。2015 年，在对行业标杆进行考察学习后，陕建成立集采中心，通过"归口管理"的采购组织模式，实施"三权分离"的采购管控机制（图 2-14），与广联达合作建立了集采招标采购平台（即"陕建云采"），规定所有采购招标必须在"陕建云采"公开进行。两年后，也就是 2017 年，陕建第一次在报告中正式提出"大集采""大物流"的概念。时至今日，这个创举让陕建走在了全国同行业改革创新的前列。

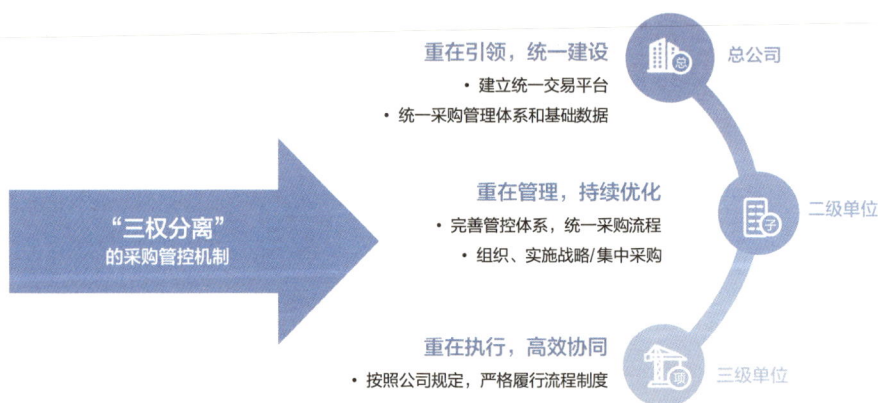

图 2-14　陕建集团"三权分离"的采购管控机制

随着"陕建云采"的运行，阳光化、规范化采购的初衷基本实现。在线招标随时随地办理采购业务，监管人员在线审批、在线管控，实时参与招标过程或者过程追溯，并在一定程度上达成了采购信息的共享，比如全集团内供应商信息共享，"价格平台"实现历史价、市场价等价格信息共享。

阳光化、规范化采购以后，陕建重新思索采购改革的核心——降本。2018年，陕建建立大宗物资直采履约信息平台，让所有的供应商在同一平台上竞争，以规模化采购更好地降低采购成本，推动"大集采""大物流"的概念真正落地。考虑到建筑项目涉及的大宗主材品类众多，陕建决定试点先行，结合以往的采购经验积累，陕建选择了相对熟悉的钢材领域，斥资5亿元，开展钢材实体集采。最初的做法是根据需求数量，与各级单位合作的钢材供应商进行统一的价格谈判，选取同等品质价格低的采购。经过半年的试点，根据数据分析，陕建集中采购钢材50万吨，降低成本6500万元。到了2019年，这一数字实现大幅度增长，集采钢材165万吨，直接降低成本3亿元，试点效果显著。随后，陕建总结试点经验，提出大宗主材集采的"四个集中"基本原则，也就是集中数量、统谈价格，集中配送、提升服务，集中计算、强化供应，集中资金、保障运作，陆续实现了方木、镜面板、装饰材料、加气块、塑料管材、电线电缆、油漆涂料等多个品类的大宗集采。

值得一提的是，面对琳琅满目的建筑业大宗主材，如何通过集采实现更精准地降本？传统的大宗主材采购，在根据工程需要明确物资后，通过招标投标"货比三家"选择供应商，采购价一般就是中标供应商提供的价格，建筑企业不会深究价格背后的故事。但建材物资供应链条长，加工、转运、仓储、各级经销商代理商最后到施工企业，流转环节多，只要有流转，就存在效率和成本问题，环节越多，效率和效益问题越严重，而这些成本的增加，最后都会落实在需求方的采购价上。由此可见，供应链的优化应该是大宗建材采购降本的重要担当。陕建创新性地从供应链的角度，挖掘大宗建材价格背后的故事，围绕不同的材料类别进行针对性分析，探究其有什么特点，以找到其成本管控的关键因素，简而言之就是以品类定降本策略。以方木为例，陕建发现各级分子公司买方木的价格完全不一样，即使是相邻的项目工地，其采购方木的价格也不一样。通过对供应商的调研，陕建了解到国内建筑企业使用的方木基本上是从国外进口（俄罗斯居多），国内没有一个明确的质量标准，物流费用是方木成本最关键的影响因素。基于此，陕建抓住了方木降本的核心，就是降低物流费用。如何实现呢？陕建拥有自己的物流公司，可以直接到方木的原产地进行采购，最终实现了方木从俄罗斯产地进口，价格降低约35%。

通过大宗物资履约平台，陕建实现了采购履约流程的标准化、服务过程的可视化（物流实时查询、履约过程一览无余等）、验收结果的信息化（全流程可追溯），同时省去中间商，降本成果显著。结合平台数据分析，除方木外，铝模板降幅25%，达到全国最低价，电线电缆一线品牌降幅超过20%，油漆涂料一线品牌降幅50%，均为全省最低价等。

除了降本，大集采也提供了应对不确定性的可能。在西安市公共卫生中心项目建设中，由于新冠肺炎疫情的发生，导致交通中断、物资短缺，严重影响了项目建设的正常进行。陕建通过大集采，高效整合各方资源，以数字化增强供应链管控能力，只用了短短9d时间，就组织供应箱式板房、钢材、电线电缆、空调、暖风机排风机等十几类物资，同时在钢厂的大力配合下，仅用3h实现首批钢材顺利运抵施工现场，提前2d完成任务，为打赢疫情阻击战做出了贡献。

随着集采的品类越来越多，降本的目标基本实现，陕建提出了更高的发展要求——提效。观察其他大型企业的采购举措，陕建发现无论是消费品类还是医疗类，电商化采购如火如荼。反观自己，采购品类已经很多，满足电商化的基本条件之一，剩下的就是找到合适的互联网电商采购平台提供商。于是，陕建找到了互联网电商采购平台的龙头企业，利用其开放的通用平台进行电商化采购，但在运行一段时间后，发现通用平台无法实现建材采购的精准匹配，也就是说陕建需要的建材物资，通用平台上不一定有；而通用平台上能提供的东西，未必是陕建需要的。"工欲善其事必先利其器"，通用平台行不通，那就只能自建了。2019 年 12 月，在前期良好合作的基础上，陕建与广联达开始探索电商平台建设。首先，在商业路径选择方面，陕建结合自身采购体量大、流量大的特点，选择了轻自营模式，核心在于不断根据下游的采购需求，寻找合适的上游供应商，获取最低的价格，并不断帮助优质供应商扩大销量，淘汰落后的供应商，做到三方共赢。其次，立足二级公司实际情况，同时为了实现 GMV 快速增长，逐步完善撮合交易模式，审核供应商质量，收集交易数据，做到集团采购精细化管控。在组织架构方面，陕建集团在监管的同时，充分授权于陕建物流集团，由其对整个陕建体系进行整体运营。为保证传统行业真正与互联网有效融合，陕建物流集团组建了专门的电商事业部，由专业运营的团队进行整体运作。

2020 年初，突如其来的新冠肺炎疫情，给电商平台的推进带来挑战，平台上线进度必须确保不能耽搁一丝一毫，同时疫情防控工作也必须到位。为保证平台顺利上线运行，广联达北京总部研发人员通过远程方式随时提供技术支持，邓华明等广联达西安公司的项目成员几乎吃住在现场，与陕建员工通力合作，保证了平台在 2020 年 2 月 23 日成功上线试运行。2020 年 4 月底，电商平台——"华山云商"正式上线运行，开启了陕建"商务云"采购的全新时代。

平台上线后，变化十分明显。首先，采购人员的工作量大大减少，工作效率大幅度提升。"电线电缆、方木模板、安全网……一共 33 单。"短短几分钟，陕建五建集团资源中心的刘博完成了紧张的下单工作。"小到螺丝钉，大到钢结构，我全部都从这个平台上下单购买，速度快，质量又有保障，省时省力。"刘博说，"我的日常工作是负责采购项目上所需的物资。过去，我需要耗费大量的时间和精力与众多供货商周旋沟通。现在，信息化的集中采购将传统模式化繁为简，项目上需要什么，统计好后直接在'华山云商'平台上下单就行了，减少了工作的重复性，真是省时、省心、省力。"其次，大数据取代了人工经验，精准匹配后降低了成本。陕建物流集团党委书记、董事长周鹏曾介绍说，"我们自主研发建设的'华山云商'电商平台，是在打通建筑业传统的单体采购信息后，借助精准的大数据集采效应，消化上游材料及设备厂家过剩产能，可帮助下游施工企业降低采购成本15%～30%。对于建筑企业而言，能实现这一比例的成本控制，会为项目建设带来十分可观的盈利推动。"

平台搭建好了，要想用得好，还得做好运营推广。为此，在常规的技术服务以外，广联达专门成立了运营团队，以真正为陕建内部兄弟单位降本、提效、增益为基调，为陕建集团引导采购单位进行电商化采购出谋划策，同时利用"6.18""双11"等特殊节点，与供应商进行联动。上线仅2个月，"华山云商"取得骄人成绩：在当年"6.18"电商节上，单日交易额突破1亿元；9月底实现了双破亿，即集团首家采购单位采购额过亿，首家合作平台供应商销售额过亿。到目前为止，平台上线供应商已有87000多家，线上采购次数累计实现177000多次，线上采购交易额累计达到3800多亿元，先后斩获"2021年建筑工程物资管理创新案例奖""2021年工程建设行业供应链创新应用一等成果奖"，同时集团凭借雄厚的钢材供应实力，荣获"2021年全国钢贸企业百强榜建筑钢材榜10强""2021年全国百强钢贸企业前十最佳供应商"等多项荣誉。

"华山云商"的全新上线运行，是陕建从招采平台、履约平台到电商平台探索的一个圆满收官。自此，陕建形成"三位一体"的采购管理模式（图 2-15），采购方可根据实际采购需求进行平台选择，大宗主材（如钢材、方木等）通过履约平台进行采购，建筑辅材（非标准用品）通过招采平台进行采购，零星用品（如办公用品、MRO 等）通过电商平台进行采购，同时，大宗主材正逐步向电商化采购平台过渡。

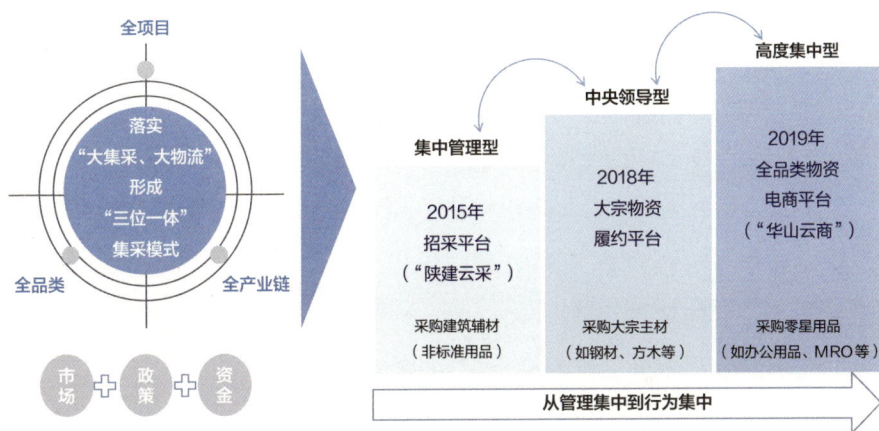

图 2-15　陕建集团"三位一体"集采模式

2.2.3　发力：一"幕"了然的智慧工地

建材物料的降本提效，除了借助数字化大集采在采购端发力，也离不开在工地现场使用时的精细化管理。糟糕的物料管理不仅造成材料浪费，还会降低劳动生产率，错过项目的关键里程碑，导致成本飙升。如何在施工过程中联动进度并及时管控超耗风险，是每个工程项目经理都头痛的事情。

"建筑行业普遍存在劳务人员管理困难、安全监管困难、材料管理困难、特种设备管理困难、绿色施工困难等问题。"陕建·汉悦府项目经理侯锐介绍说。

对此，陕建的管理层绝非没有考虑，早在 2017 年就已经开始推行智慧工地建设，在西安宝能新能源汽车产业园项目、榆林市两中心项目（国际会展中心和榆林市体育中心）、西安浐灞自贸国际酒店、西部生命科学园项目、空港新城 T5 站前商务区、沣东自贸新天地等建设中，从集团级管理的角度出发，与广联达合作搭建智慧工地管理平台，借助一部手机、一部电脑就能管理工地，推动了各级管理者对项目现场实时动态的一目了然，及时、准确、全面掌握项目信息，让项目管理避免尾大不掉的风险，及时做出精准决策，实现精细化管理。

什么是"智慧工地"？简单来讲，是利用云计算、物联网、BIM 等数字化技术，将传统的工地管理，转化为可控化、可视化和数据化的智能系统，包括智慧劳务管理系统、智慧物料系统、质量安全巡检系统、生产管理系统等，可对施工过程中涉及的人、机、料、法、环等要素进行实时监控、动态监控，形成智能化施工作业，提升项目建设管理水平。

在接受《界面陕西》采访时，负责智慧工地方面的项目管理人员表示，"我们通过使用实名制系统、人脸识别系统、智能安全帽定位系统等措施实现安全管理科技化。各个项目部利用生产管理系统，明确施工节点，及时解决劳动力、材料及机械等问题，使得进度管理可视化，这样也大大节省了人力，缩短了时间。"如图 2-16 所示。

图 2-16　智慧工地数据统计

先从劳务人员的管理来看，智慧劳务管理系统，实现人员管理提效、减少劳资纠纷。在某个高速路快速化改造项目中，高峰时期人员近万人，相当于一个小型社区，同时人员流动频繁。自从推行智慧工地以来，劳务人员再也没有因为上工时间统计口径不一而发生劳资纠纷。广联达的"智慧劳务管理系统"，通过装在工地入口通道的影像硬件和实名制芯片安全帽，实现了包括门禁授权、门禁管理、工人考勤、班组结构、出勤率等信息在电子屏幕上的实时显示和监控。工人进场或者出场，系统抓拍模块都会自动抓拍影像并存储，如图 2-17 所示。"这套系统将施工人员从进场到工作再到退场的全过程打造成一个完整的闭环，对于贯彻落实劳务实名制管理、减少劳资纠纷等方面具有重要的现实意义。"项目现场负责人说。此外，在施工人员安全管理方面，未佩戴安全帽、工人三级教育标记未完成提醒、黑名单闯入报警并抓拍影像、危险操作行为（打电话时长超过 6min、抽烟、低头、左顾右盼）以及疲劳操作报警……智慧工地带来的劳务安全管理作用体现得淋漓尽致。

图 2-17 智慧工地人脸识别

再看物料管理，物料跟踪验收系统，实现大宗物资的全方位精益管理。前面提到建材物料的降本提效离不开在工地现场使用时的精细化管理。借助智慧工地的物料跟踪验收系统，通过地磅周边硬件智能监控作弊行为，自动采集精准数据，如图 2-18 所示。如果从物料进场来说，施工企业在材料进场环节跑冒滴漏情况很多。比如在送料车进场时，施工项目需要知道实际数量与送货单数量是否存在偏差，一旦发现实际量少于合同约定负差值范围，则需要对供货方进行数量扣减。而现场基层人员经常不关注送货单的数量校验，导致很多"缺斤短两"的送货单未被识别出来。广联达从客户那里得到这一痛点后，把送货量的信息设置了根据不同材料智能判断必填的功能，针对送货单的校验进行重点开发升级，从而使规范精准的收料更容易。根据实地测算，当签单率提升到 70% 时，每个月可为项目避免 3 万元以上的成本损失。以前做收料校验的事情需要专业人员来做，现在"看门老大爷"点点鼠标就可以操作。

图 2-18　智慧工地物料管理

　　除了人员管理、物料管理，建设施工质量与安全更是项目管理的关键点。在建设施工过程中，由于工地环境的复杂性、多变性、高空作业的危险性等因素，安全事故频发。传统的质量安全巡检，涉及人员较广、流程比较复杂，存在多重风险。通常是项目现场发现一个质量问题，质量安全巡检员需要拍照、下发纸质通知单，请劳务班组签字，再整改问题，劳务班组整改后会制作纸质回复单送检，管理人员人工检查判断是否闭环。这中间难免存在问题描述不准确、劳务班组核心成员未及时签字、整改不到位等风险。推行智慧工地后，质量安全巡检系统让施工现场尽收眼底，提前进行质量与风险防控。当发现现场质量安全问题时，质量安全管理员对问题点进行拍照并描述具体问题，写完后点击上传，系统自动通知项目负责人，将问题同步发送到项目负责人手机中。以海量的数据清单和学习资料为数据基础，后台对质量安全问题进行汇总和统计分析，质量安全检查报告一键生成。项目负责人通过质量安全看板快速查看问题、及时整改，从源头监管施工质量和安全问题。

"你看看这个。"在陕建西安火车站北广场及周边市政配套工程建设运营项目工地，陕建机施项目副经理张勇勇晃了晃手中的手机。手机上的数字不停变换，正在对施工现场进行质量安全监控。"数据异常时，手机会自动报警。我们据此指导工地及时纠偏，从源头解决工程质量和安全问题。"张勇勇说。

2.2.4　跃迁：从 2 到 10 的效率倍数级增长

对于集团型建筑企业来说，遍布各地的项目，耗时耗力地考察，经常是领导跑断腿、项目看不完。然而在陕建，借助基于物联网平台搭建的智慧工地平台，领导一天时间内可以考察的重点项目数量从 2 上升到 10，工作效率呈现倍数级增长！

建材物资采购成本的有效管控，是项目建造降本增效的利器，而高效化、集约化项目管理是项目成功的重要保障。2018 年，"千亿陕建"目标提前两年实现，陕建进入高质量发展的新车道。面对遍布各地的众多项目（据统计，截至 2021 年 8 月，陕建在建项目 2500 个），尤其是重点项目，领导需要经常巡查项目现场，并依据现场需求给予充分的资源支持。但碍于交通工具和空间距离的限制，领导班子成员即使高频次亲临现场指挥，仍然无法覆盖全部重点项目。尤其是进入 2020 年以来，伴随疫情防控的常态化，项目远程管理与集约管理的需求凸显。如何借助数字化手段，将散落各地的项目串联起来，从陕建集团层面实现对所有项目的全视角总览，查看项目现场实时影像，实时喊话与现场人员沟通，对人员、机械、物资、资金、技术等各种生产要素进行协调，尽早规避风险，成为当务之急。

经过市场调研和供应商比选，综合考虑项目经验丰富度、产品先进性、系统操作难易度、售后服务优质高效性等，在以往合作的基础上，陕建最终决定与广联达合作，共同推进智慧建造。2022 年 4 月 3 日，陕建数科与广联达成立数字化联合运营中心（图 2-19），转变传统单一项目的合作模式，创新性地进行产品、项目、专家等优势资源的全方位合作，发挥技术＋场景的联动效能，以"陕建物联网平台"为核心，打造合作开放共享的陕建数字化平台体系。其中，建设基于物联网平台的智慧工地平台，是重要命题之一。

图 2-19 陕建数科与广联达数字化联合运营中心揭牌成立

按照最初设想，智慧工地平台是物联网平台的重要功能板块，可基于物联网平台，实现工程现场各智能设备的互联与数据融合，打通各孤立的智慧工地，实现集团层面的工程项目数据整合，以数据决策主要手段提升集团内部的日常沟通效率，最终实现集团总部指令传达、远程指挥等目的，进而实现让管理者"不在现场犹在现场，运筹帷幄尽在掌控"。

设想很美好，实施很困难。通过对陕建各下属单位的调研，项目组发现大部分单位的智慧工地建设侧重于对单一项目的管理，现有智慧工地的物联设备缺乏统一的管理标准，设备零散化，同类设备存在数据孤岛、重复接入、重复部署、重复建设等情况，信息碎片化现象严重，无法有效支撑集团层面的智能化决策。为此，陕建数科与广联达的专家团队决定从标准化入手，在完成物联网平台建设相关标准的同时，从集团层面制定陕建智慧工地建设管理办法，以评价标准、应用标准等来规范智慧工地建设，使智慧工地建设项目立项、相关资源协调、人才建设、对下属单位智慧工地应用的监督评价等都有章可依。

智慧工地平台的实现，需要项目数据的支撑。但面对数目繁多的项目，怎样做才能实现数据采集的多覆盖呢？双方进行了无数次研讨，推翻了多种方案，最终确定了数据采集的基调，就是立足项目类型，结合陕建信息化现状与数据积累，采取差异化、各有侧重的数据采集。首先，针对100多个重点项目，上线了项目智慧工地系统（项目 BI），实现了项目全面信息的采集；其次，对于上千个一般项目，上线了质量安全巡检系统，实现了项目关键信息的采集；再次，在与其他已有的 10 多个业务系统连接方面，进行平台集成，促成相关业务数据的同步导入；最后，对于无法提取数据的业务系统，配置了 12 张智慧报表，进行数据导入或录入。

数据采集的全覆盖，只是万里长征的第一步，通过数据驱动支撑集团的决策智能化才是关键。根据陕建的业务特点，广联达的工程师们设计了一套包含 100 多项具有企业特色指标的核心指标体系，涵盖产值分析、合同履约、项目进展、安全隐患预警、危险性较大分部分项工程分析、质量品牌建设、科技品牌建设等多个维度，以反映项目和企业的运营管理情况。通过这些指标组合呈现各种结果，集团可以重点关注重要项目的运营情况或关键问题，进而分析原因并依据数据做出管理决策，实现集团管控横向到边、纵向到底。

　　通过以上多种方式的处理，有效打破了智慧工地的数据孤岛，借助基于物联网平台的互联设备，在集团层面呈现可视化的项目数据资产，实现了真正的项企一体化。平台上线运行后，通过集团公司＋项目的多级联动，实现风险防范、管理在线、实时联动，加强陕建及各下属单位对辖下项目的统筹管理和分析，实现对多项目的动态监管。对领导来说，从传统的打电话或当面听汇报，转换为通过可视化管理平台了解项目现场进度、劳务、质量、安全、机械设备（如塔式起重机）、技术、物料等情况。通过一张屏幕页面，职能部门能够获取各业务系统重点信息及现场实时情况。

　　依托物联网平台，工地现场的智能设备实现了互联，通过接入相关的业务系统，促成了数据融合，达成"有数据、有图、有画面、有声音、有真相"的管理。以有画面的监管为例，在工地现场关键部位安装视频监控，观看监控视频就可以实时查看项目关键部位的施工情况。通过在视频监控中内置 AI 算法，可以智能捕捉工地现场的违规画面，并能与现场的智能广播联动，进行语音提醒。对于某些复杂的施工现场环境和视频监控盲区，还可以利用 AR 眼镜实现身临其境的现场管理。集团领导可以根据需要，随时调取查看相应项目重点部位现场的实景动态画面，对项目管理统筹实现运筹帷幄之中、决胜千里之外。

2.2.5　新局：推进"四化融合"

　　建筑企业的高质量发展，除了数字化提升项目管理，还需要审时度势进行谋划。十年前，建筑业总体维持上升的趋势。自 2013 年之后，建筑总产值增速明显放缓，行业进入低速发展期，利润率呈现继续下降的趋势。"可以理解为建筑行业已经从高速发展向高质量发展转变。"毛继东说。面对新形势，如何在竞争中处于不败之地？陕建提出了"四化融合"，以绿色化为理念要求，以工业化为发展方式，以数字化为转型动力，以证券化为主要抓手，推动转型升级，见图 2-20。

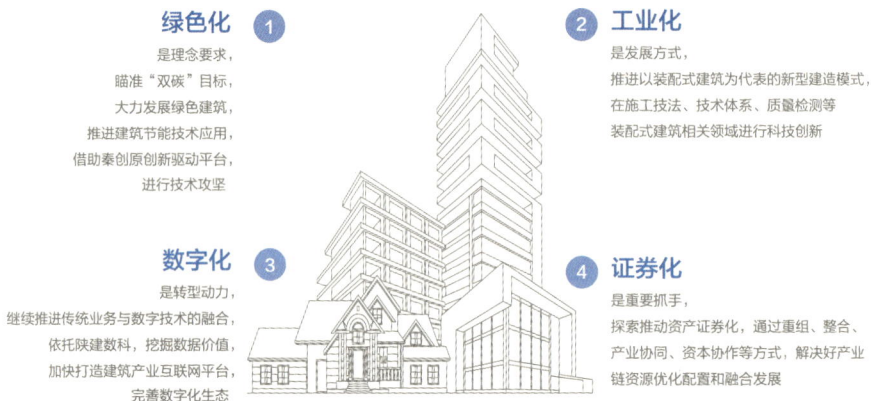

绿色化 ①
是理念要求，
瞄准"双碳"目标，
大力发展绿色建筑，
推进建筑节能技术应用，
借助秦创原创新驱动平台，
进行技术攻坚

工业化 ②
是发展方式，
推进以装配式建筑为代表的新型建造模式，
在施工技法、技术体系、质量检测等
装配式建筑相关领域进行科技创新

数字化 ③
是转型动力，
继续推进传统业务与数字技术的融合，
依托陕建数科，挖掘数据价值，
加快打造建筑产业互联网平台，
完善数字化生态

证券化 ④
是重要抓手，
探索推动资产证券化，通过重组、整合、
产业协同、资本协作等方式，解决好产业
链资源优化配置和融合发展

图 2-20　陕建"四化融合"新理念

绿色化是理念要求，瞄准"双碳"目标，陕建将持续积极推广绿色节能技术应用，大力发展绿色建筑、绿色工程。积极参与标准制定，提升话语权。以绿色建筑与节能环保领域为例，陕建集团累计主编和参编国家、行业、地方标准 30 余项。加强高校合作，进行科研攻关。2021 年 5 月，依托秦创原创新驱动平台，陕建集团与西安交通大学成立"未来城市建设与管理创新联合研究中心"。按照"企业出题、揭榜挂帅、经费包干"原则，面向全国发布零碳建筑、分布式能源、新基建、管理模式创新等课题，并通过'科学家＋工程师'团队模式，合力攻坚建筑行业绿色化发展的技术难题。正如陕建党委书记、董事长张义光所介绍的，"科学家掌握前沿理论，工程师了解行业痛点；科学家擅长'前端'科技研发，工程师熟悉'后端'产品开发。这种研发团队模式优势互补，可以避免研发和市场脱节，确保科研成果接地气、能落地，打通科研成果走向市场的'最后一公里'"。

工业化是发展方式。陕建高度重视建筑工业化，2014 年已开始布局，正积极探索"装配式建筑＋绿色建筑＋EPC（设计—采购—施工）＋BIM"四位一体推进模式，着力打造全面推进装配式建筑的"陕建模式"。推动装配式建筑发展，陕建产投承建的多个项目开创了陕西省装配式建筑历史先河，陕建新型建材公司办公楼、西安国际足球中心、秦兴佳苑项目、中国西部科技创新港高端人才生活基地项目等装配率均在 60% 以上。大力建设生产基地，2017 年陕建（西咸新区）建筑产业基地被认定为国内首批"国家装配式建筑产业基地"，目前已建成六大装配式建筑产业基地，实现了省内全覆盖，并向省外辐射。提升装配式建筑产品科研实力，陕建在施工技法、技术体系、质量检测等装配式建筑相关领域始终进行着科技创新，主编、参编国家、省级及协会工程建设标准 20 余项，完成科研课题 10 余项，获得国家专利 30 余项。

数字化是转型动力。陕建积极尝试数字技术和传统业务的融合，已经在 BIM 技术应用、劳务实名制平台、供应链金融平台、集中采购平台、智慧物业管理平台方面取得了多项成就。通过对在建的 4000 多个项目、10万余家供应商、10 万余户业主以及 48 万名建筑工人进行有效管理，沉淀了大量数据资产。随着陕建数科的成立，陕建将与行业内领先的相关同行企业以及广联达这样优秀的服务企业加强交流合作，推动集团数字化能力建设提质增效。

证券化是重要抓手，主要解决好产业链资源优化配置和融合发展的问题。依托整体上市公司平台优势，围绕产业链对资本、技术、市场等核心竞争力及驱动要素的需求，陕建将探索推动资产证券化，通过重组、整合、产业协同、资本协作等方式，解决好产业链资源优化配置和融合发展，引领带动产业链的上下游企业发展，提升竞争力。

在"168"战略的领航下，陕建将利用好在大集采、智慧工地、物联网平台等方面的数字化成果，以"四化融合"推进高质量发展新局起好步。手握日月摘星辰，不负奋斗陕建人，"国际一流的现代化综合建筑服务商"愿景已定，陕建将持续奋斗编写华章，早日跻身世界 500 强，在陕西省建筑业转型升级的长河中留下浓墨重彩的一笔。

2.3　标杆案例：两化融合助力上海宝冶华丽转身

　　上海宝冶集团有限公司（以下简称上海宝冶），作为我国钢铁工业建设的先驱者之一，曾被誉为冶金建设的"排头兵"，先后承担了武钢、攀钢、宝钢、鞍钢、越南河静钢铁等产业基地的建设。鲜为人知的是，上海宝冶不仅参与了首届进博会主会场——国家会展中心的建设，还参与了上海迪士尼明日世界、北京环球影城变形金刚主题区的建设，更是北京冬奥会国家雪车雪橇中心等重大项目的承建者。自 2005 年取得房屋建筑施工总承包特级资质以来，上海宝冶的建设足迹遍布各地，建设成绩斐然，从传统的施工企业跃迁为具备"投、建、运、维"能力的工程承包商，位列"中国建筑业竞争力百强企业"前 20 名，斩获中国建筑行业工程质量最高荣誉"鲁班奖"47 项。2020 年，上海宝冶中标额突破 1000 亿元，成功跻身千亿俱乐部。从"冶金建设国家队"到"城市建设主力军"再到"十四五"提出的"基础设施领跑者"，是上海宝冶对时代脉搏的精准把握。

　　回眸思巨变，聚焦两化融合，通过不间断地信息化建设，规范业务操作、提升工作效率、降低项目成本，最终达成项企一体，是上海宝冶取得辉煌成就的秘密武器。

2.3.1　两化融合，不期而遇的开始

　　却顾所来径，苍苍横翠微，一切的改变都在不经意间发生。

2016 年，国务院国资委要求中央企业提交"两化融合"的解决方案和推进过程。上海宝冶总工程师刘洪亮曾回忆说，"当时我们工业化的东西确实很少，所以临时拟定了一个题目'信息化和标准化的融合'。"虽然看起来很偶然，但后来在上海宝冶的发展中，"两化融合"给企业带来了真正的实惠。2016 年初，上海宝冶发布"四五"规划，成立了信息化部，提出到 2020 年末合同额翻一倍，达到 500 亿元。就是这个很高的目标，从提出到实现，仅用了一年多的时间，远远超出了预期，以至于上海宝冶将原先的"四五"战略目标进行了调整。2018 年初，公司正式提出，到 2020 年实现"15121"这一更具挑战性的奋斗目标，即：1000 亿新签合同额、500 亿元营业收入、10 亿元利润总额、人均收入 20 万元，奋力打造一流的最具产业链竞争优势的全生命周期工程服务商。梳理背后的原因，很大程度上是上海宝冶基于"两化融合"创新性地优化了主架构。比如从顶层设计切入，将适应传统冶金市场的工序公司向适应房建、市政市场的总承包公司、专业公司转型，引领公司从传统冶建市场向房建、市政等市场发展等。

2.3.2　渐成体系，数字宝冶擘画未来

实际上，作为较早接受信息化、数字化概念的企业，在"两化融合"提出之前，上海宝冶一直在信息化、数字化的路上探索，从起步以来从没有间断过。最开始按照业务线的发展需要，建设单业态的信息化系统，比如 2006 年的财务系统建设，2008 年的供应链系统，到 2010 年建筑业资质就位、协同办公（OA）系统上线等，对规范业务操作、提升工作效率起到一定的推动作用。但随着业务规模的不断扩大，上海宝冶各层级对精细化管理的需求上升，单业态信息化系统变得有些鞭长莫及。自 2014 年开始，上海宝冶的信息化系统建设向一体化数字化转型，搭建了业财一

体化系统，在 2018 年升级为财务共享系统，然后在 2019 年完善项目管控信息平台建设，如图 2-21 所示。

图 2-21　上海宝冶主要经营指标（2006~2021 年）

值得一提的是，在推进一体化数字化系统的过程中，上海宝冶对于数字化转型的认识日渐清晰，并在 2016 年左右提出打造"数字宝冶"，建设一体化协同集成信息系统（图 2-22），以标准化管理为抓手、推进治理体系和治理能力建设；以信息技术辅助管理、协同增效，推动信息化和企业业务标准化高度融合，保障公司战略目标的实现。

一体化协同集成信息系统，核心是打造"两个中心""三个平台"。其中，"两个中心"是指企业大数据中心与企业运营监控中心，而"三个平台"是企业信息管理平台、项目管控信息平台、技术支撑信息平台。上海宝冶总工程师刘洪亮表示，"三个平台"都是由不同的子平台组成的。其中，企业信息管理平台重点关注资金、成本及财务数据，包括业财一体化、OA、财务共享、档案管理与电商平台；项目管控信息平台侧重对项目的数字化管理，智慧工地与工程管理是关键子平台；技术支撑信息平台主要提供技术与数据支撑，如 BIM、工程进度软件、算量软件等。

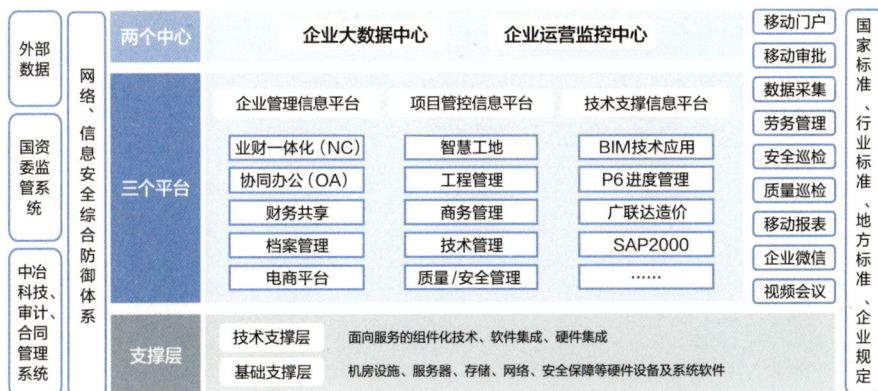

图 2-22 上海宝冶一体化协同集成信息系统架构示意图

2.3.3 且行且思，标准化规范化切入

"我们在做的过程中发现，很多理念与一些想实现的东西都是在变化的。"上海宝冶总工程师刘洪亮感慨地说道。很多企业在建设之初，认为最终成型的是一个平台，通过这个平台可以解决部门墙等所有问题，这也是上海宝冶的初始想法。但实践会纠正错误的认知，在推行过程中，上海宝冶发现实际落地很困难。一家企业拥有大大小小的组织，既有财务系统，也有人力系统，如果想用一个大的平台系统把所有事情搞定，就不可避免地进行各个组织、各个系统之间的信息交互，这无疑是一个复杂的事情。既然一个平台搞不定，那就分而治之，回归最基础最根本的问题：通过标准化规范化，提升核心业务数据的互联互通性。

在历经近 10 个月的研究后，上海宝冶制定并发布了组织及组织架构规范化、信息编码体系标准化等相关文件。以组织及组织架构规范化为例，上海宝冶将企业的组织架构分为四个层级并进行部门编码，比如编码506 105 001 101 分别代表所在业务单元编码、厂队部门编码、第三级流水号、第四级流水号，层层都非常清晰。

在企业信息分类标准化方面，上海宝冶把所有信息分为基础信息、属性信息，并分别进行大、中、小类划分。比如基础信息分为 12 大类，12大类涵盖了企业的方方面面，每个大类下又分为中类，中类底下分小类，小类底下再加一个属性，整个信息分类编码体系就非常完整，如图 2-23所示。

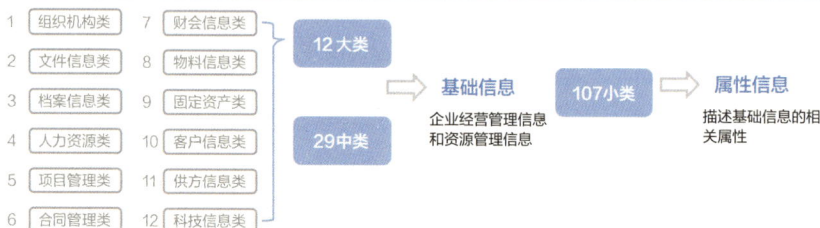

图 2-23　上海宝冶企业信息分类体系框架

对于核心业务数据的互联互通，刘洪亮介绍说，"这里面存在很多需要分析和解决的问题。拿收入举例，我们的财务系统、商务系统甚至生产部门，对当月完成的营业收入数字统计会不一样，就单个项目而言，项目的完成量以及和业主确认的营业收入及合同额，数字是不一样的。除了时差以外，确认的原则也不一样：比如财务部门是权责发生制，是"项目成本＋财务成本"，就有了项目的基本毛利率，从而可以反推回企业的当月成本；商务部门是业务确认制，也就是大家经常说的确权，这里面包含'分包成本＋物料消耗＋财务成本等'，可以将项目层面上产生项目利润的一些数据，提供给财务部门；生产部门往往是现场统计制，特别在物料消耗层面，这里的物料消耗和商务部门的物料消耗，两个数字往往在工地上是不一样的。举一个简单的例子，在混凝土施工过程中，某一层楼板的钢筋全部绑扎完成，但是当月完成的时候，混凝土只浇筑了一半，在业主确认、合同确认的时候，肯定是完成混凝土的一部分可以经过合同确认，也就是经过商务部门物料的确认，而实际我们在对分包队伍结算的时候，绑扎完的钢筋全部都要结算。因此，在做系统设计、考虑所有数据的交互互通时，就要考虑这样的因素，否则很难达到数据互通。"

2.3.4　初试锋芒，业财一体一波三折

在一体化协同集成信息系统建设之初，业财一体化是上海宝冶计划重点突破的建设内容，希望通过平台建设，形成数据驱动下的业务和财务融合，提升财务管理对业务环节的有效监控，降低经营风险。

刘洪亮介绍说，"商务管理对于施工单位来说确实是两条线，第一条线是收入条线，即通过合同把收入拿进来。第二条线是成本条线，这在业财一体化中，可能是最难解决的一个问题。"他举例进行说明，财务系统基本是凭证式的，而预算系统却是编制的表单。财务数据从开始到结束不会变化，100 元钱的报销单到最后还是 100 元钱，而在预算过程中，从合同开始运作一直到预算结束，可能会有数不清的变化。

同时，上海宝冶想在业财一体化系统建设中，解决项目的预算管理、合同预算管理和支出管理这一套成本的核算管理。但在推进过程中，发现每个体系都不一样，每一分钱都必须从源头追溯，而预算每修改一次也要从源头重新来做。说到底，项目间的核算和企业间的核算其实是两个概念。业务与财务割裂下，数据打不通，"我们花了将近两年的时间都没有解决这个问题。"刘洪亮说。

如何突破呢？契机不期而至。

为更好地执行中国冶金科工集团有限公司的信息化规划部署，完善"项目管控主平台"建设，上海宝冶开始系统梳理自身的信息化建设现状，发现企业内部已经构建完成电商系统、财务共享系统、财务系统等多个系

统，但缺乏对工程项目的核心管控，需要推进工程项目管理系统的建设，在工程管理中解决企业与项目的管理脱节问题，实现有效的过程监控，找到过程管控的抓手，进而推动全面建成一体化协同集成信息系统，促成业务数据与财务数据打通，解决成本管理难点，比如传统手工统计数据无法保证数据准确性和完整性的问题。2018年上海宝冶开始调研，并在2019年12月与广联达签订合作协议，启动项目管控信息平台建设。

在前期的平台建设需求调研中，广联达工程师对上海宝冶的业财一体化困局有了初步认识，在双方研讨下，创新性地将其放在了项目管控信息平台的建设中，以协同为重点形成了业财一体化系统框架（图2-24），所有与资金、支出相关的模块，如市场营销、财务资金、科技研发、固定资产管理、供应链管理等，都在框架中呈现。由此，业财一体化成为三大平台中的核心，与其他业务系统进行关联，数据互通，实现企业主数据信息共享。同时集成系列模块数据于同一个平台，做到数据源的唯一性，规范数据采集，实现一次录入、多次引用。以物料供应链管理为例，从项目管控信息平台上实现预算控制材料，而业财一体化实现了供应链管理的过程管控，再通过招采平台做统一招标，最后通过财务共享系统付款，构成一个一体化采购的全业务链条。

图 2-24　上海宝冶业财一体化架构

2.3.5　步入正轨，项企一体化显神威

　　伴随业财一体化的有效解决，经过深度调研和多轮研讨，在工程项目管控方面，双方明确了"立足现实、着眼长远、统筹兼顾、协调发展"的建设原则，成功打造了"宝冶特色，国内领先"的"339911"一体化项目管控信息平台（图 2-25）。

　　由此开始，项目管控信息平台陆续成为上海宝冶建设"高大深"工程（"高"——超高层、地标性项目；"大"——大体量、城市综合体的项目；"深"——拥有高技术含量的深基础项目）的秘密武器，有力地推动了北京冬奥会国家雪车雪橇中心、杭州亚运会射击射箭现代五项馆、上海迪士尼明日世界、北京环球影城变形金刚主题区等的成功建设。项目管控信息平台呈现项目—公司—集团，信息流从下到上的架构，通过与 OA 系统、电商平台等的互联互通，以企业门户的方式实现对外展示，助力企业数字化决策分析，实现业务横向到边、管理纵向到底，如图 2-26 所示。

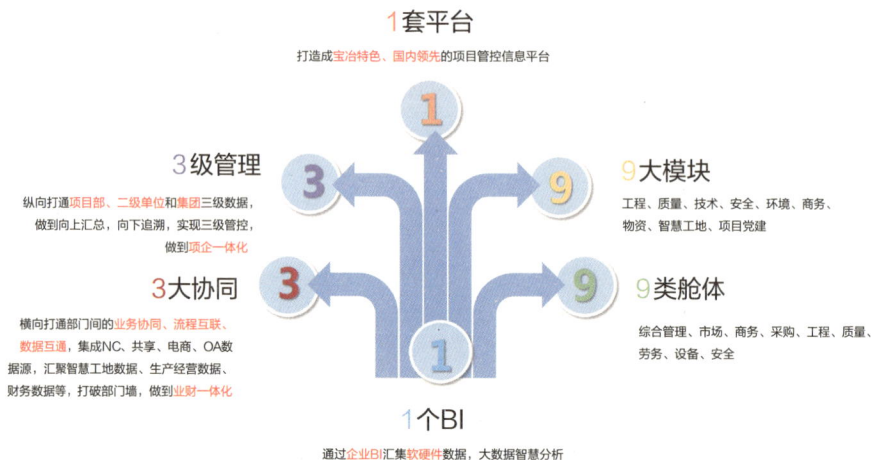

图 2-25　上海宝冶项目管控信息平台架构

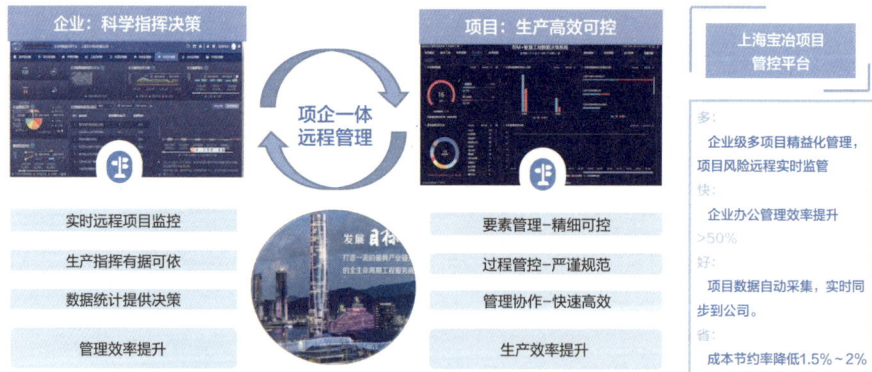

图 2-26　上海宝冶项目管控信息平台实现项企联动

在项目精细化管控方面，平台与智慧工地连接，通过软硬件数据集成，实现现场智能化管理。平台严格遵循项目建设生命周期，依据施工总进度、期间进度计划，编制产值计划、劳动力使用计划、物资及机械设备使用需求计划等。通过各业务线的计划，开展各业务线具体业务，比如产值统计、劳务履约、物资采购、机械租赁等业务，通过这些业务形成本项目的收入、成本等数据，方便成本核算及经济分析。比如安全巡检、质量巡检信息通过智慧工地直接接入项目管控信息平台，实现数据展示及管理跟进；物料验收系统现场磅单直接传入项目管控信息平台，满足项目管控信息平台过程履约及成本核算等。总体而言，平台实现了关键业务环节动态监管，做到项目现场管理实时可控。

在数字企业层，通过智能管理系统、经营管理系统以及非经营管理系统，实现了企业对多项目的管理。同时，通过智能化采集和智能化管理的一体化平台，实现了智能采集以及数据的互联互通，通过数字企业和数字项目的融合统一，真正利用数字化来实现企业的智能化管理。简而言之，通过项企一体化，实现从项目的精细化管理到公司的高效运营，最终为集团决策提供依据支撑。单从数据采集与利用看，是从项目数据自动抓取到公司自动汇总数据，再到集团企业 BI 智慧分析的过程。

BI 看板是整个项目推进过程的一种可视化展示，如图 2-27 所示。比如财务管控，包括公司经营情况、资金保障、资产结构、信用评估、市场开发、党群建设、人力等。集团层面的大屏，称为运营监控指挥中心，体现了公司的指挥架构、经营情况；项目层面展现管控情况，重点突出整个项目现场的数据管控——即时信息的体现，包括在建项目的信息，还可以实现数据的每层穿透。

在积极推动项目管控信息平台建设的同时，上海宝冶率先建成了项目运控中心。作为国内建筑行业最早的数字化运控中心之一，项目运控中心是上海宝冶项目管控的指挥和"作战"中心，海量的业务数据在这里被转换成面向管理的数据，同时用各种丰富图表的展现方式，做到数据汇集、智慧分析，为决策层、管控层、项目层提供强有力的数据支撑，逐步实现项目运营管控模式向标准化、精细化、智慧化转型升级，真正完成了从数据到知识的转变，实现工程项目管控的智能化。

　　潮头登高再击桨，无边胜景在前头。正如上海宝冶集团有限公司副董事长、党委副书记陈刚所说，"数字化转型，我们虽然有十几年的历程了，但是对我们来说这十几年仅仅是一个开始。"

图 2-27　上海宝冶企业 BI 数据决策平台

2.4　标杆案例：千亿元之后，数据驱动赋能广西建工新增长

　　广西建工集团有限责任公司（以下简称广西建工），是八桂大地建筑业的一颗明珠，承建的精品工程遍布国内外，比如广西人民会堂、博鳌亚洲论坛中心、敦煌莫高窟保护利用工程、港珠澳大桥口岸工程、越南岘港大酒店、索马里国家剧院等，不胜枚举。2018 年，广西建工营业收入首次突破千亿元。随后，广西建工的发展实现了加速度，营业收入年均增长百亿，2021 年营业收入实现 1312.49 亿元，同比增长 8.5%，实力位居

中国企业 500 强第 185 位、全国省级建工企业第 2 位、广西百强企业第 2 位。如此抢眼的增长是如何实现的呢？寻根究底，数据赋能是广西建工加速度发展的有力驱动。

2.4.1　顺势而为，"数字建工"启航

2018 年，广西壮族自治区政府提出"全面实施大数据战略，加快数字广西建设"。作为广西壮族自治区重点企业的广西建工，责无旁贷，全力推进数字化建设，将"数字建工"提升为企业的发展战略。通过半年的筹备，于 2018 年 4 月正式成立集团大数据中心，赋能企业发展。根据战略要求，集团公司要加快发展大数据，加强集团管控和优化集团资源配置，以"数字建筑，数字建工，数字企业"推动集团转型升级、提质增效。同时，以打造"数字建工"为目的，以工程项目全生命周期精细化管理为主线，以"大数据服务平台"为抓手，实现项目管理信息化全过程应用与产业链的协同。

2.4.2　关山初越，沉默的数据金矿

随着"数字建工"战略的提出，广西建工开始审视自身的数字化建设。

实际上，广西建工信息化起步比较早。2011 年，集团层面已启用 OA 系统，所属各单位也紧随其后开展了信息化建设。以项目管理信息化为例，从 2013 年开始，广西建工所属各建安企业立足自身发展需要，围绕物资材料管控、合同管理、管理流程优化、提升企业资质等目标，陆续与广联达合作，建设应用项目管理系统。

经过多年发展，集团和所属各单位的信息化、数字化理念不断提升，信息化人才队伍专业素质不断加强，各信息系统的数据资产不断沉淀积累。九层之台，起于垒土，"数字建工"的顺利开展，这些数据资产的重

要性不言而喻。

为落实"数字建工"战略，广西建工大数据中心从各业务管控需求入手，深入集团所属各公司、项目部开展调研，理顺项目管理流程，分析项目管理难点、痛点。

通过一系列调研，发现数据资产用不起来。由于各公司应用重点不同，前期缺少统一的顶层规划设计，集团统建系统和公司自建系统之间存在应用覆盖面和应用深度不统一、应用数据标准不统一等问题，系统之间数据未能互联互通，导致"数据孤岛"林立。数据也只是数据而已，怎么办？该从哪里突破？

广西建工大数据中心化被动为主动，上下求索破局。一方面到同行企业学习取经，另一方面到所属企业分析研判，深度剖析数据孤岛的解决方案。与其他行业相比，建筑行业产业链条长，项目分布更是存在"点多线长面广"的特点，从国内及海外，从高原到峻岭，都有广西建工铁军在奋斗，项目的管控难度极大。在项目所有管理要素中，资金与成本管控又显得尤其重要，这是每一家企业的必修课，更是广西建工历来重视的问题。

能不能把数据资产的利用与项目资金成本管控结合起来？在与各内部单位反复进行研讨后，广西建工大数据中心将此定为发力点、突破口，并明晰了"合同管理为主线，成本管控为核心，资金管控为抓手"的管控思路。

2.4.3　迎难而上，探路大数据治理

2019 年 10 月 31 日，广西建工与广联达签署战略合作协议，共同推进"数字建工"大数据管理平台建设，以项目成本管控为核心推进项目信息化管理，建设集团项目管理大数据平台，打通项目部－分公司－子公司－集团数据通道，推动业财融合，打造集团日常生产经营运营平台及大数据

集中管控平台。平台建设以工程项目全生命周期管理为主体,以产业大数据、产业征信、产业金融等为增值服务。通过内、外部数据的共享和快速流转,实现集团商务财务资金、线上线下操作、各个业务系统、上下产业链条的互联互通。

自 2019 年 11 月起,项目组围绕投标业务、合同业务、资金业务、成本业务等重点板块,走入各单位开展调研,深入分析和评估业务需求。以成本大数据建设为例,项目组认真检查各单位综合项目管理系统流程应用及数据归集情况,细致了解业务数据与财务资金数据对接情况,发现普遍存在流程设置不规范、成本数据归集难度大、业务财务数据无法及时对接等问题。

项目组边调研边研讨,对公司项目管理系统应用现状有了清晰的认识,也在建设目标方面达成基本共识。先看现状,各子公司虽都上线了项目管理系统,但因初始诉求、管理和投入等差异,应用效果参差不齐,更加关键的是,核心的项目管理系统部署在子公司,集团层无法直观看到项目数据,缺少数字化手段来实行有效的风险管控,难以对亏损项目治理形成助力。在建设目标方面,在集团层面统一搭建数字化平台,集约化资源统一管控,实时掌握项目成本信息,过程经营管理风险监管,辅助集团智能分析并辅助决策;在子公司层面,管理向服务转变,大量数据管理转化为大数据管理,利用大数据平台的数据采集及积累,形成企业知识体系,支撑下级各单位的知识共享,持续为企业各层级进行赋能。总体来说,广西建工在集团层面搭建一个统一的企业级大数据管控决策平台,形成面向总部、子公司、分公司、项目部的四级穿透式管控,实现数据共享、过程管理与风险管控,在各个组织层级都可以实现投标、合同、资金、成本等 n 个板块的数字化管理。

按照常规逻辑,接下来是将集团、子公司、项目等各层面的数据采集起来，为数据仓库的搭建做准备。但项目组很快遇到第一个难关，也就是广西建工最初困惑的问题——如何实现不同项目系统之间数据的互联互通。

业务驱动与数据驱动双轨并行，相互促进。广西建工为破解建安企业管理难题、堵住管理漏洞，编制了与项目管理息息相关的 3 个手册：《项目作业手册》《项目成本管理手册》《财务会计核算手册》，其中，《项目作业手册》是对项目作业和管理的规范；《项目成本管理手册》是比较核心的文件，决定了项目成本管理的标准；《财务会计核算手册》实际上确认了项目会计核算的标准流程，奠定了数据标准化、规范化的基础。大数据平台作为管理机制的载体，和 3 个手册相互衔接、相互贯通，环环相扣，形成闭环，构成一体化的管理机制。

有了这 3 个管理手册，不同项目系统间的数据互联互通也有了解决之道。遇难克难，项目组成员黄杰钊事后回忆说，"当时我们先参考了以往做过的类似项目方案，再根据项目管理系统的资金成本管理流程，结合广西建工的管理需求和 3 个手册要求，进行了多次的细化与论证。"

在 3 个手册的指引下，项目组进行了业务标准化梳理，围绕企业的业务活动、活动产生的数据表单、表单中的数据项，整理业务数据标准，同时细化了数据指标标准，以"在施项目个数"为例，需要明确什么样的项目状态称为"在施"，哪些区域、类型的项目在统计范围，"在施项目个数"应该以哪个业务部门统计的为准等。在数据集成方面，项目组明确了大数据平台数据的集成原则，平台的主数据来源于集团的项目管理系统，同时借助第三方形成数据集成合并，为数据仓库的建设打好基础，至此形成了大数据平台建设的总体逻辑，如图 2-28 所示。

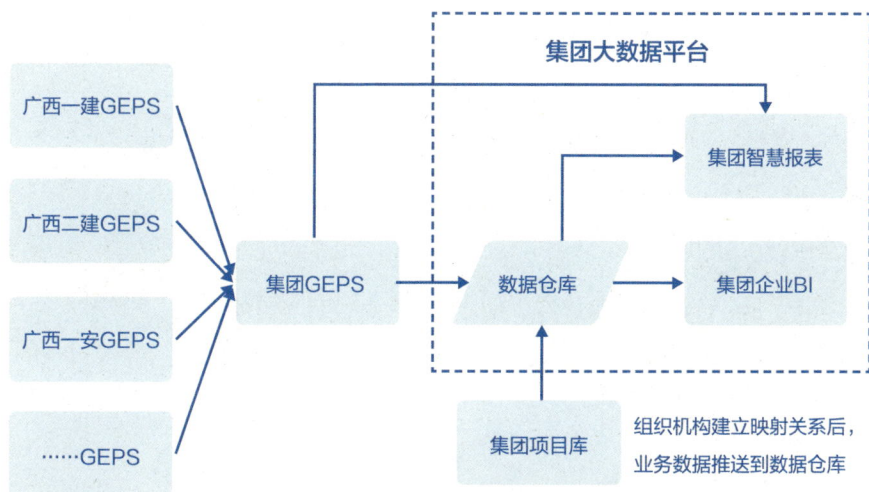

图 2-28　广西建工大数据平台建设总体逻辑

2020 年 5 月 13 日，广西建工集团大数据项目管理平台工作推进会召开。集团党委书记、董事长金宁运对平台方案和整体架构表示肯定，同时提出三点要求：一要满足集团公司、子公司和项目部各层级对数据互联互通的需要，实现项目全过程数据管控；二要可操作性强、实用性高，切实有效地提升项目管理水平和集团管控能力，实现项目降本增效；三要加快推进建设，结合业务形态变化，不断完善建设，不断细化工作，全面打通项目管理最后一公里。

至此，广西建工的"3＋1"项目管理机制基本成型。"3＋1"项目管理机制即 3 个管理手册和 1 个大数据平台。通过 3 个手册，完善项目管理机制、落实项目责任制和项目成本核算制，提高项目管理水平，形成完整的项目管控体系、资金管控体系；建设大数据决策平台（图 2-29），利用大数据技术，依托广联达综合项目管理系统应用、业财一体化和项目预警平台，推进项目精细化管理和集约化发展，提升项目盈利能力，从而助力公司转型升级和高质量发展。

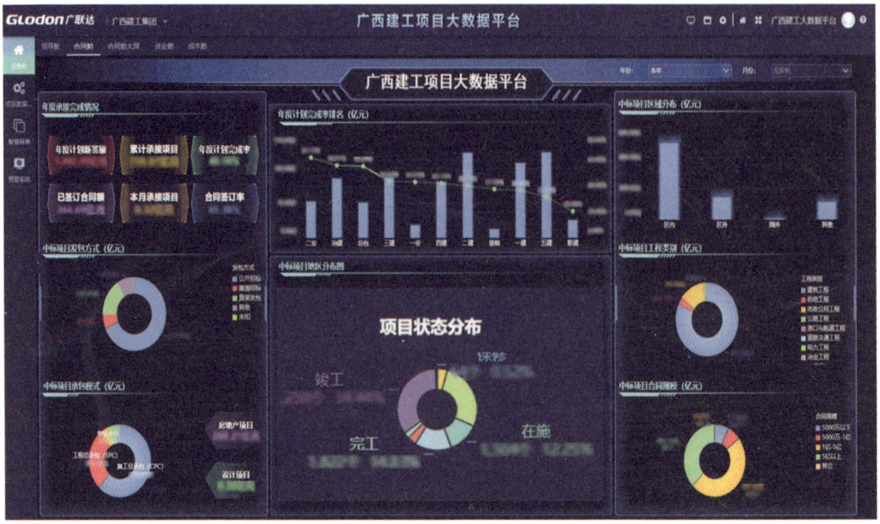

图 2-29　广西建工项目大数据平台

2020 年 6 月 30 日，广西建工"3 ＋ 1"项目管理机制发布暨数字建工指挥中心启动仪式举行，如图 2-30 所示。

图 2-30　广西建工"3 ＋ 1"项目管理机制发布暨数字建工指挥中心启动仪式

2.4.4　持之以恒，激活数据价值

"3＋1"项目管理机制实施后，大数据支撑的决策智能化效果逐渐显现。集团公司总经理、党委副书记、董事罗涛曾在广西数字建筑峰会2020致辞中指出，建工集团大力推动数据资源共建共享共用，加快各系统数据融合，创新业务板块大数据应用，建立"用数据说话、用数据决策、用数据管理、用数据创新"的工作机制，提升基于大数据的集团管控能力和服务水平，促进大数据与业务融合创新发展，实现"数字化企业，数据化运营"。

在业务数据采集方面，提高了效率、减少了人为层层上报带来的数据失真。对有数据来源的，实现了从下属11家单位的综合项目管理系统中自动抓取数据，从生产统计报表中自动抓取数据，搭建广西建工集团的数据仓库，实现核心指标数据展示以及层层追溯。对没有数据来源的手工填报，实现核心业务智慧报表线上替代，自动汇总报表数据。

在亏损项目治理方面，从原来的管不住、控不了，实现了资金成本双重管控。通常来说，项目的资金与成本管控有两点需要特别注意：一是项目资金计划对于付款的支撑；二是目标责任成本下对支出合同签订的约束。项目管理大数据平台运行后，一定程度上降低了资金管控风险。借助预警板块，从施工合同签订、目标成本、支出结算、付款等环节设置预警指标，一旦达到预警阈值，就会报警（图2-31）。

已签合同总额达到目标成本的80%时预警
已签合同总额不超目标成本的150% 等
如果目标成本能测算到材料、分包的量价，
则也可以管控支出合同的签订

把控目标利润率

付款不能超结算额

| 施工合同 | 目标成本 | 支出合同 | 合同结算 | 合同付款 |

已签合同总额达到施工合同额的80%时预警
已签合同总额不超施工合同额的150% 等

结算额不能超合同额X%

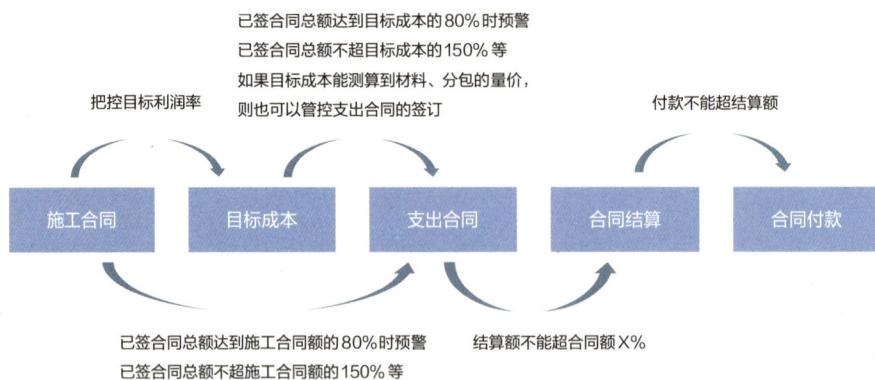

图 2-31 项目的资金与成本管控风险预警逻辑

在决策智能化方面，借助项目管理大数据平台，广西建工各级管理部门能实时直观地了解各个项目的运行情况，及时调整决策，保证项目顺利开展。设想数字化风险管控的理想场景，等平台运行成熟以后，能自动量化判断标准，根据实际值与目标值的偏差以及偏差程度，来标注风险管控情况，管理人员一眼就能看出完成得好不好、有没有风险，并通过数据驱动决策，实现 PDCA 风险管控，风险预警仓见图 2-32。相应管理人员可进入平台的合同舱，查看年度指标完成率以及管控评价，发现有高等级风险预警（发现风险）；通过点击该风险的预警明细，管理人员能快速掌握导致风险产生的因素，如年度目标计划值、实际值、已签合同情况和中标待签情况未满足要求等（分析风险）；然后，可针对此风险情况进行对应解决，并可在该风险的待处理预警消息中记录风险发生的原因、处理过程以及处理方案，同时上报相应分管领导；分管领导收到待复核消息，了解对该风险的具体分析、处理过程和结果，通过在平台中查看各种数据，认为原因分析到位，处理方法合理且有效，决议复核通过，此风险关闭。由此形成管理闭环，并可积累宝贵的数据资产，把风控工作前置，减少类似事件的产生，防患于未然。

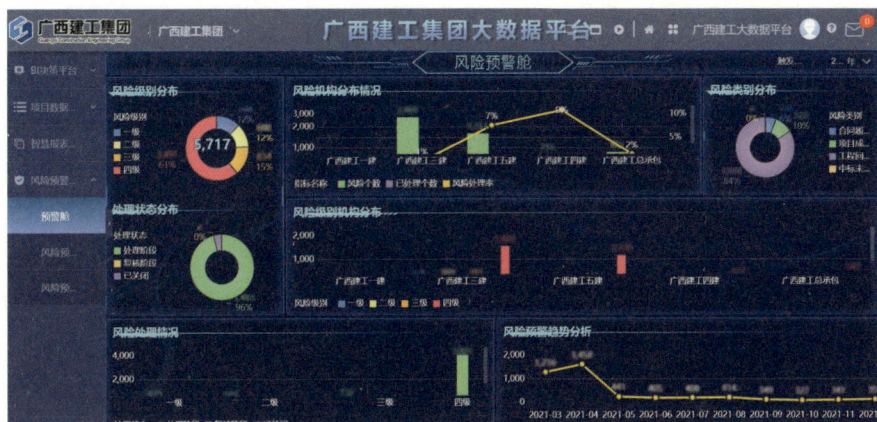

图 2-32　广西建工集团大数据平台 - 风险预警板块

　　栉风沐雨志弥坚，关山初度路犹长。目前，广西建工已初步建成"数字建工"，通过云计算、大数据分析等手段实现建筑制造网络化、智能化改造，对建筑实现全生命周期管理，实现"数字建筑"；通过大数据分析、物联网等整合分析，为集团的管理、经营和决策提供有效支撑，助推"数字建工"建设；最终，优化公司资源配置，提质增效，推动企业转型升级，促进集团产业跨界发展，助力经济的持续提高，为实现"数字企业"提供有力数据支持。数据驱动管理注定是一场无止境的探索，朝着看得到的价值曙光，广西建工的大数据建设将一直在路上……

第3章

数字化重塑
地产企业核心竞争力

3.1 构建"五力"模型，打通地产企业从项目到企业再到客户的 PDCA 闭环

3.1.1 新时代地产企业面临新的挑战

新发展格局下，房地产行业正由土地红利时代、金融红利时代，逐步进入管理红利时代。地产企业为重塑核心竞争力，将重心向开发建设环节转移，更加关注基于产品属性的产品力和成本力的打造，通过业务创新实现企业投资回报的最大化。然而地产企业转型并不是一蹴而就的，在满足客户体验成功、实现企业运营管理优化和业务模式创新上仍面临很多挑战，如图 3-1 所示。

客户体验成功	运营管理优化	业务模式创新
· 如何动态实时感知客户需求 · 如何根据客户需求进行精准定位 · 如何根据诉求进行个性价值设计 · 如何体现并实现客户全程价值	· 如何通过数字资产构建规模化能力 · 如何优化管理流程以提高运营效率 · 如何整合内外部资源提升经营效益 · 如何在管理和决策方面实现精益化	· 如何创建敏捷创新型的组织 · 如何实现智能管理与智慧决策 · 如何实现科技赋能管理模式变革 · 如何打造合作共生的平台生态

商业成功

图 3-1 地产企业重塑核心竞争力面临的挑战

1. 如何实现客户体验成功

房地产行业逐步进入到买方市场，客户对于地产企业越来越重要。一些地产企业为提高客户满意度，在客户归家动线、公共空间、精装修上投

入大量成本与精力，但客户仍感觉不到家的归属感；在项目交付时，客户认为地产企业没有履行购买时的承诺。产生上述现象的主要原因是在项目开发的全周期内没有让客户感知到自身需求被实现。因此需要解决如何在项目开发全链路上动态实时地感知客户需求，如何根据客户需求进行项目精准定位，如何围绕客户诉求进行个性化价值设计，如何体现并实现客户全程价值等关键问题。

2. 如何实现运营管理优化

随着地产企业项目规模的扩大，服务于项目的计划管理模式已无法支撑企业战略发展，这就需要以公司战略为指引，实行大运营管理模式，从集团层面关注整体经营目标的实现，通过协调各种资源实现最优化经营。在这一过程中，如何通过数字资产构建规模化能力，如何优化管理流程以提高运营效率，如何整合内外部资源提升经营效益，如何在管理和决策方面实现精益化就显得尤为关键。

3. 如何实现业务模式创新

房地产行业已经告别黄金时代，地产企业正在积极思考通过有效的业务模式创新，以图破局。地产企业需结合自身特点构建应对策略，并围绕如何创建敏捷创新型组织，如何实现智能管理与智慧决策，如何实现科技赋能管理模式变革，如何打造合作共生的平台来进行业务模式创新的探索。

3.1.2　"三层一体"塑造地产企业数字竞争力

在数字化转型大背景下，地产企业重塑核心竞争力，实现可持续经营，可利用数字化手段来解决"客户体验提升、运营效率优化和业务模式创新"的挑战。围绕这三个挑战，形成"三层一体"地产企业数字化策略（图3-2）。具体来说，通过企业经营平台化，打造决策中心、风控中心、赋能中心三层中心，为决策层打造智慧大脑，让企业风险变得可视可控，企业资源、能力和知识得到赋能，实现企业平台化经营；践行企项一体、甲乙联动、业务前置和数据驱动的四个一体化，达到作业数据化、管理流程化和决策智能化，实现项目精益化管理；通过对客户端到端的精准化运营，从客户洞见到个性化设计，从线上线下体验到售后增值服务，全链路直达客户触点。

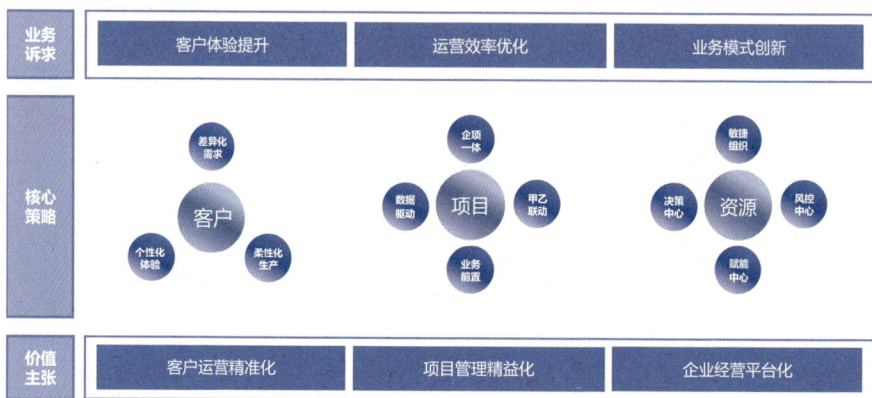

图 3-2　地产企业"三层一体"数字化策略

1. 企业经营平台化：打造三个中心

企业经营平台化是以能力平台化的模式实现企业平台化经营目标，它将重塑地产企业商业模式。企业经营平台化有四个关键特征：专业制胜、资源整合、多元发展和开放共生。专业制胜表现在企业赋能能力和风控能力构建；资源整合和多元发展，体现在企业决策能力打造；而开放共生，则是企业综合能力的呈现，它们通过企业数据资产化、业务能力中台化和产业链与价值链一体化来实现。可以将其总结为三个中心（图 3-3），即决策中心、风控中心和赋能中心，通过决策中心塑造敏锐战略洞察力和高效业务决策力，通过风控中心提高经营风险预测预防力和敏捷风险处置能力，通过赋能中心增强企业内生式增长动力和精益化管理能力。

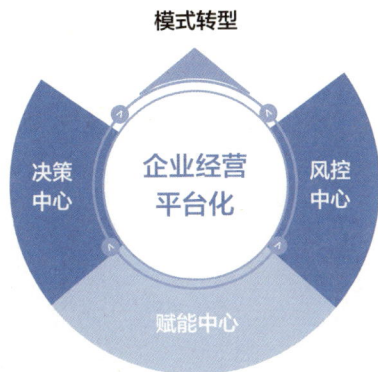

图 3-3　企业经营平台化

2. 项目管理精益化：实践四个一体化

项目管理精益化是以四个一体化，即管理纵向一体化（企项一体）、内外协同一体化（甲乙联动）、业务横向一体化（业务前置）和数据集成一体化（数据驱动）为理念，开展精细化管理，实现完美交付的目标，如图 3-4 所示。具体来说，通过企项一体实现对组织层级的穿透和管理协同，使组织管理更加高效，业务信息更加畅通；促进组织变革，使组织简化、生产职能部门下沉，管理高度协同，规避管理漏洞，提高管理效能。通过业务前置突破业务边界，从被动式响应迈向主动式管理；基于经验数据积累，在建造前期阶段标识并预测重大风险，运用智慧化技术，规避人为隐患；避免设计变更导致建造成本超支。通过甲乙联动，推动业务协同管理模式变革，突破各方利益边界，降低协同成本，实现多方共赢。通过数据驱动赋能各业务环节，为企业管理增效。

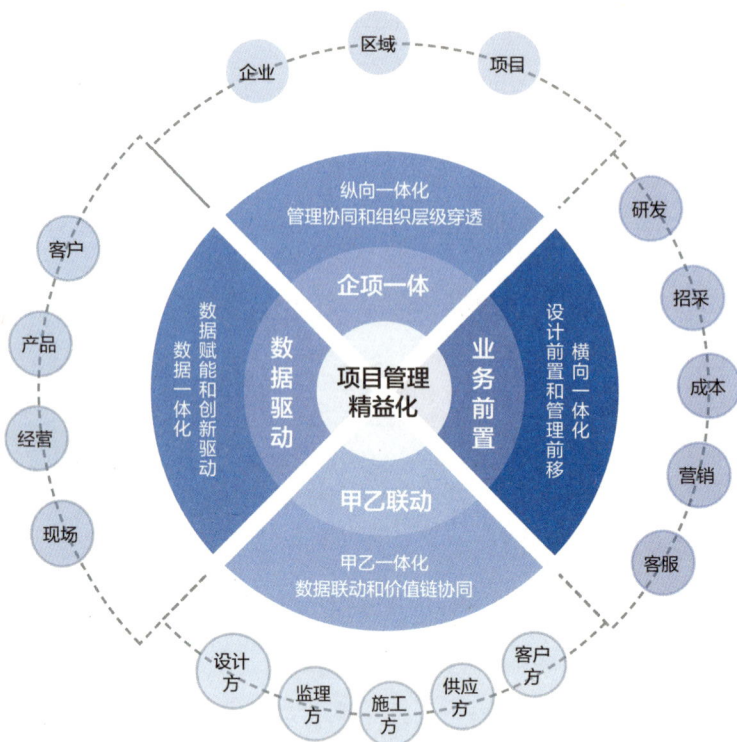

图 3-4　项目管理精益化

3. 客户运营精准化：直达全链路客户触点

　　客户运营精准化是以规模化方式满足客户个性化需求，并为客户提供终身价值。数字化时代，传统的建筑产业从来没有如此贴近客户，建筑产品的建造、销售和使用过程，越来越贴近传统的消费市场，人（客户）、货（产品）、场（环境）同样成为地产企业商业运营的关键要素。客户运营精准化建立以"客户第一"的产品模式，通过全链路客户触达服务，主动感知和智慧化响应客户需求，打造更多可变的个性化产品，如图 3-5 所示。

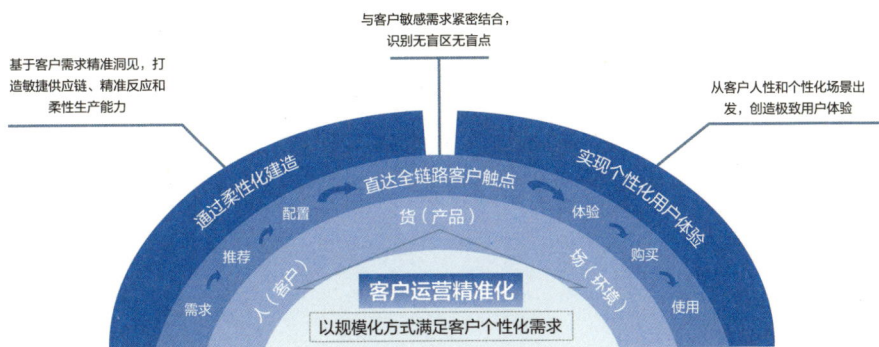

图 3-5　客户运营精准化

3.1.3　大道至简 PDCA^3 是地产企业数字化转型新范式

"三层一体"数字化策略的重点是拉通企业经营、项目管理和客户体验这三个层面。大道至简，可以用一个简单的范式来指引地产企业数字化转型这一个复杂课题的落地。借助 PDCA（戴明环）方法，基于对地产企业经营和业务管理的认知，提出地产企业数字化的基础范式——PDCA^3，如图 3-6 所示。

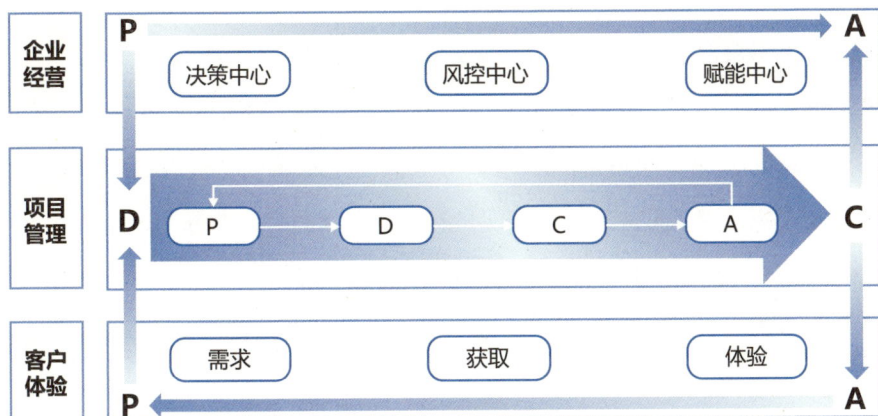

图 3-6　地产企业数字化范式

1. 第一层 PDCA

项目维度，对地产企业而言，项目是企业经营的基本单元。项目管理本质上是一个 PDCA 的管理闭环，从前策、设计、招标采购、建造、交付、营销到改进，每个过程又包括策划、执行、检视和整改等过程。对于大部分企业而言，项目绩效差异在很大程度上取决于执行和检视环节。由于缺乏有效及时和动态获取数据的手段，管理所需要的数据经常延迟和失真，影响项目决策，并最终反映到项目绩效水平。利用数字化手段，通过为项目作业环节提供数字化工具，一方面帮助项目作业实现提质增效，另一方面能够直接获取实时准确的数据以支撑管理决策，并通过自动响应加速 PDCA 循环进程。

2. 第二层 PDCA

企业维度，企业经营本质上是一个从战略制定、预算拆解、落地执行和绩效检视的 PDCA 闭环。其中，战略执行通过层层分解落实到一个个项目上，项目管理过程在企业经营 PDCA 闭环中扮演"执行（D）"和"检视（C）"的角色。如前所述，通过数字化技术的应用，项目管理 PDCA 闭环得以增强和改进，也就意味着企业经营 PDCA 闭环的"执行"和"检视"得到增强和改进。与此同时，数据智能循环、自动积累和智能学习，将加速企业数据中台和能力中台建设，一方面企业战略敏锐性得以强化，另一方面企业执行能力得以大幅度增强，从而加速 PDCA 的运行能力和效率，围绕企业经营业务场景实现企业经营层面数字化价值。

3. 第三层 PDCA

客户维度，客户体验本质上是一个从需求提出、需求获取、产品体验和产品反馈的 PDCA 闭环。在这个闭环中，项目管理同样承担着"执行（D）"和"检视（C）"的角色。同样的逻辑，数字化技术的应用为客户体验层的数字化场景创新提供了可能性，一方面增加对客户触点响应的时机和场景，另一方面通过所见所得、及时反馈等创新数字化体验改善并加速了 PDCA 循环进程，实现企业和客户双赢。

三个管理层次构成有机整体，通过三个 PDCA 循环紧密结合，完美实现了项目管理精益化、企业项目一体化和项目客户一体化逻辑，在企业经营管理视角建立了良性循环的体系。

3.1.4　数字化"五力"建设牵引地产企业转型成功

数字化落地遵循"整体规划，分步实施"的基本原则，按照"点、线、面、体"的方式循序渐进。地产企业数字化最终落地到五大场景，即数字产品力、数字成本力、数字营造力、数字营销力和数字运营力的打造，牵引地产企业数字化转型成功（图 3-7）。

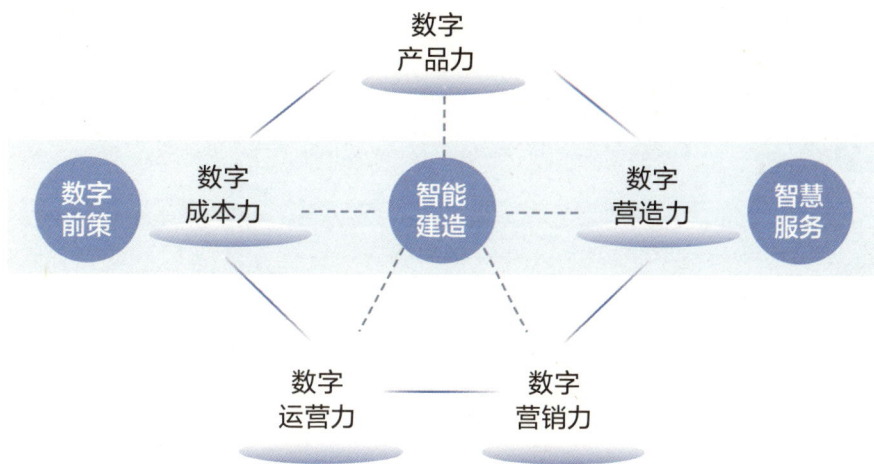

图 3-7　地产企业数字化实现方案

1. 数字产品力

数字产品力，以实现产品全面对"客户需求、企业需求、社会需求"三方需求更好地满足为目标，通过产品力的价值实现，满足客户对空间功能、个性配置、外部形象的购买需求；满足企业实现更高收益与利润的需求；满足社会对高质量、绿色低碳的建筑产品，建筑行业创新发展的需求。地产企业数字产品力以"需求驱动精美呈现"为理念，通过"客户需求驱动产品定位""溢价需求驱动产品创新"和"品质需求驱动产品落地"作为三个着力方向，构建全新的产品力体系；在数字化技术赋能下，以客户成功为导向，不断提高产品品质和溢价能力，重塑地产企业核心竞争力。

数字产品力覆盖研发与产品设计业务全层级、全过程、全要素和全参与方，围绕产品全生命周期，以客户需求作为起点，将客户持续运营和百年建筑产品作为终点，在产品投资测算、产品定位、进度控制、限额落地、品质保障和过程督导等维度，利用数字化手段打造最优产品力，如图 3-8 所示。

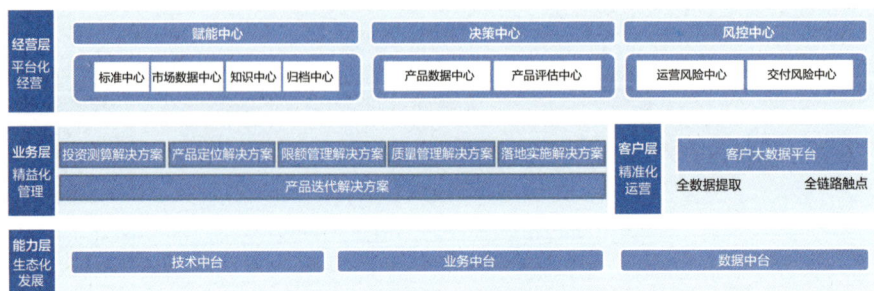

图 3-8　数字产品力应用框架

（1）数据平台支撑产品决策和风险控制

通过对设计产品数据指标的分析判断，实现基于海量和动态数据的敏锐和高效产品决策，改变以往通过主观经验决策的方式。同时，利用产品指标数据的实时和智能监控，动态警示可能出现的产品质量风险，减少舆情风险、管理损失和成本浪费。

（2）智慧场景助力产品精益化管理

从产品定位到产品设计、工程设计再到产品建造以及产品交付，通过 AI 强排、智能审图、BIM 推演、三维互动等一系列数字化场景，提高产品研发与设计过程的智慧化、精准化和精细化能力。

（3）数字洞见驱动客户体验提升

以数字化手段多维度获取客户需求，分析并探查客户敏感点，智能推荐客户需求定制化解决方案。在建造过程中，可以按照客户需求进行装饰装修等环节的线上定制选配，自动出图，并与供应链系统打通，自动排程和生产，通过多种手段触达客户需求，提升客户体验。

2. 数字成本力

数字成本力以"数据驱动降本增益"为理念，以"价值适配改良成本基因""多元数据实现成本目标""动态指标防控成本风险"为指导思想，以"测得准、算得精、控得住"为价值主张，构建全新的数字成本力体系，通过数字化技术赋能，提高成本管控能力。

数字成本力以最适配成本实现最大溢价产品作为目标，通过成本数据赋能，打通管理层级，实现降本增益，如图 3-9 所示。

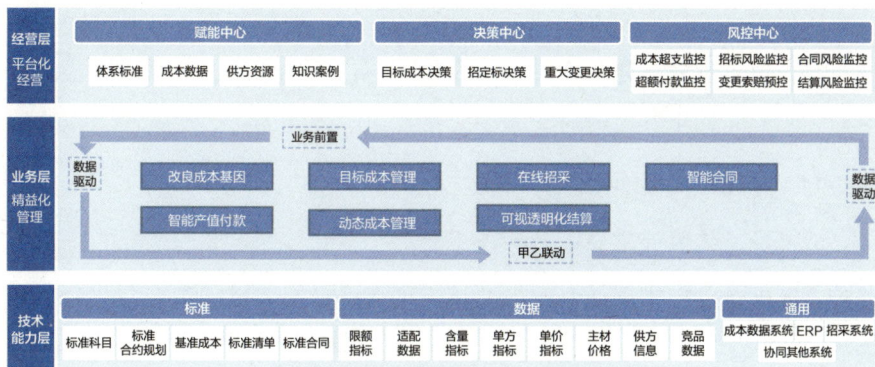

图 3-9　数字成本力应用框架

（1）经营层：实现成本高效决策和能力赋能

通过系统自下而上反馈的成本招采数据信息，判断成本走势和招标状态，助力企业高层成本高效决策；通过对成本超支、招采异常、合同不规范、进度款超付、变更索赔突出、结算偏差等风险进行监控并及时预警，达到有效防控企业成本风险的目的；通过对成本体系的搭建、成本业务标准的制定、成本数据的沉淀、供方资源的集约管控、知识案例的累积，完成企业成本赋能。

（2）业务层：实现成本精益化管理

以项目全周期业务为主线，以成本数据为中心，利用数字化系统对业务数据进行收集、沉淀和再使用，赋能项目精益化管理。通过产品组合、设计限额指标、配置标准来改良成本基因，提升产品性价比；通过测算体系、标准成本、历史数据赋能目标成本管理；通过合约规划、标准清单、智能清标、供方管理赋能招采管理；通过标准合同、BIM算量、智能产值付款赋能合同、预算、产值管理；通过自动提醒和分析系统赋能变更管理；通过可视透明化结算体系和结算指标赋能结算管理；通过动态指标和预警措施赋能动态成本监控。

（3）技术能力层：实现业务标准化和数据结构化支撑

提供标准，包括标准科目、标准合约规划、标准成本、标准清单、标准合同；沉淀数据，如限额指标、含量指标、单方指标、主材价格、供方信息、竞品数据等；通过成本数据库、动态成本管理、招采管理等业务系统协同，完成成本数字化系统的建立。

成本标准体系的建立以及对成本基因、多元数据、动态指标的应用和监控，实现企业成本高效管理与决策、项目成本快速执行和客户适配标准满意。

3. 数字营造力

数字营造力通过数字化手段，以工程计划为主线，多方协同，全面提高进度、质量、安全等管控水平，提升客户体验，实现完美交付。地产企业数字营造力围绕"精益驱动完美交付"的理念，以"计划驱动强化业务协同""甲乙联动成就多方共赢"和"数字工地赋能精细管理"为指导思想，助力达成企业工程管理目标，如图 3-10 所示。

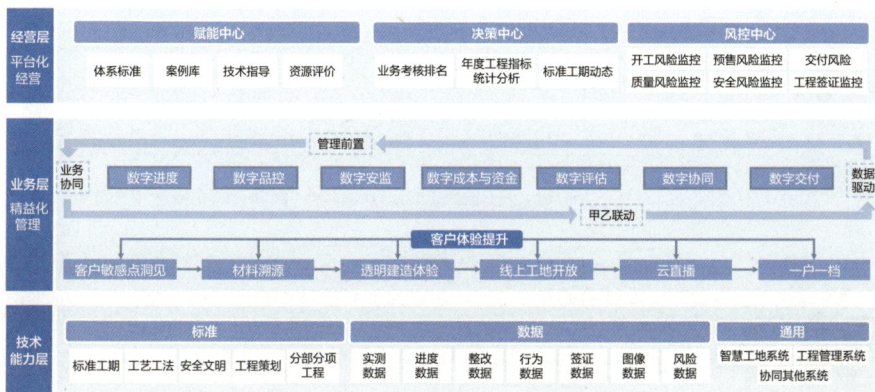

图 3-10 数字营造力应用框架

（1）经营层：数据支撑企业经营与决策

通过工程数字决策中心、风控中心、赋能中心，对工程指标数据与进度、质量、安全风险的实时感知，实现决策主动及时、规范化管理行为与标准化制度快速落地。

（2）业务层：项目全生命周期内的精益化管理

项目在建造过程中，以经营目标为导向、以工程计划为主线，通过计划驱动、业务前置、甲乙联动加强内外部资源协同，利用 AIOT 与业务在线化实时采集与分析数据加强精细化管理，实现安全与品质可控前提下的按期交付。

以客户为中心，洞察项目建造过程中的需求敏感点，通过建造"透明"、材料透明、"云"直播、"一户一档"等数字化手段，增强客户过程体验以及对品质的反哺，实现客户满意度提升、促进营销、打造企业工程管理IP。

（3）技术能力层：基于业务标准化沉淀数据，赋能企业经营

首先，要建立标准化的业务流程与制度，比如工程策划标准、工期标准、工艺工法、安全文明施工管理标准、防渗漏标准等，并通过业务在线化快速赋能给一线的敏捷组织；其次，一线敏捷组织通过规范化的管理行为，沉淀包括实测数据、进度数据、工程签证数据、行为数据、图像数据、风险数据等；这些数据通过工程与智慧工地管理系统为企业进度、质量、安全等的风险分析与优秀案例共享提供有力支撑，同时，赋能招标采购、资源评价、动态成本管控、运营等业务，提供实时与准确的数据。

4. 数字营销力

数字营销力围绕"价值驱动精准营销"的总体理念，以"全域运营提升精准获客、全场智慧提升快省去化、全链数据赋能客户洞察"为指导思想，以"更快去化，更省费用，数据赋能全业务链"为价值主张，以数据为抓手，以客户运营、数据沉淀、数据建模、模型应用为牵引，全面提高洞察、策划、渠道、销售等全过程营销水平，重塑地产企业的核心竞争力。

价值驱动营销模式正逐步到来，营销力构建围绕获客、养客、转化、全业务链数据协同等业务环节，以客户为中心，以企业经营为目标，全面构造统一价值的营销力解决方案，如图3-11所示。

（1）经营层：数据沉淀赋能管理决策

经营层的核心是平台化建设及赋能，可以通过运营客户、管控项目沉淀的营销大数据（与人相关的数据、与建筑产品相关的数据、与物料相关

的数据等）提高营销决策质量，提升营销风险防范能力，发掘企业成功的新机会，比如产品机会、服务机会、客户机会。

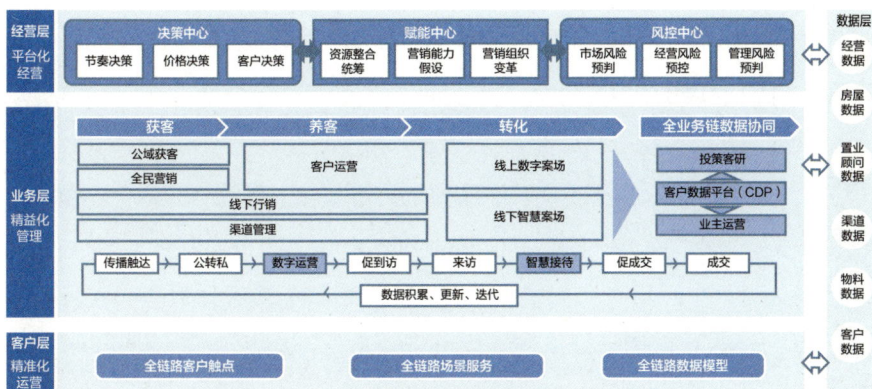

图 3-11　数字营销力应用框架

（2）业务层：精益管理赋能营销去化

业务层的核心是精益化管理，首先建立足够的标准化和在线化能力，促进项目管理提质增效；其次建立以客户为中心的营销运营模式（公域、私域），不断通过场景互动建立客户黏性，提高客户转化率；最后通过智慧案场的包装、线上线下链路的全面打通，实现客户的高质量转化。

（3）客户层：智能洞察全链路客户触点

客户层的核心是精准化运营，需要始终围绕客户的购买产品全旅程，通过 AI 赋能全链路客户触点，提供沉浸式、真实性、具备可期待性的场景服务和智能化体验，不断沉淀客户标签数据，刷新客户画像，建立多维客户数字模型，最终数据反哺全业务链价值升级。

5. 数字运营力

数字运营力，即以最短时间、最少投入实现最优经营目标的能力。地产企业数字运营力围绕"目标驱动动态运营"的理念，以"业务融通推动战略实现""产销匹配支撑经营达成""风险前控助力项目成功"为指导思想，通过数字化手段赋能运营管理，驱动动态运营，实现企业稳健发展。

数字运营力聚焦企业战略、经营、财务、运营的全格局融合视角以及业务投资、建造、供货、营销全场景流通视角，重构地产业务全价值链高效运营体系，如图 3-12 所示。

图 3-12 数字运营力应用框架

（1）经营层：全视角"一站式"驾驶舱

不同数据驾驶舱服务于集团高层、城市管理层、项目管理层的专属需求，通过数据可视化"大屏看板"，实时、充分了解集团财务、公司经营、项目运营情况，通过货值看板快速盘点现有资源，对货值进行动态滚动预测，通过赋能中心提升项目操盘能力；通过风控中心前控风险，有效识别预警风险；通过决策中心量化决策依据，提升决策成功率。

（2）业务层：全流程"便携式"工作单

根据运营工作的基础模块，搭建平台工具库、定制化个人终端界面，包括智能计划编制、自动更新计划标准库功能，并生成计划模板，历史数据驱动生成自动化计划编制。智能执行监控模块，能自动对风险、进度、成果进行监控、反馈，并对后续计划进行滚动预测；智能运营决策能对工期、经营指标进行算法优化；智能任务管理能实现对排名、达成率可视化呈现和溯源分析；高效会议能对会议时间、成果、效率做效能优化。

（3）能力层：全域"学习式"数据集成

建立运营主数据平台，打通各业务系统，通过对顶层数据架构的建立，包括数据组织、数据流程、数据规范数据治理框架，依托自助式计算能力和多维建模能力，实现数据可视化分析、多维数据分析、数据预测、数据挖掘，支持业务场景的预测、推演、可视化、动态分析等。

3.2　标杆案例：行稳致远，寻找绿城中国逆势上扬的密码

江南忆，最忆是杭州。南宋王朝之雅，西湖风光之秀，杭州骨子里就蕴含着追求美的基因，而诞生于此的绿城中国控股有限公司（以下简称绿城中国）继承了这种基因，自 1995 年成立之日起，绿城中国始终以"创造城市的美丽"为己任，将"产品为王""品质为王"刻入发展全过程。"住在绿城中国的房子里，去阿里上班"，曾是当地人梦想中的生活。

2021 年，绿城中国实现营收 1002.40 亿元，同比大幅度提升52.4%；净利润为 76.87 亿元，同比增长 33.4%；公司项目的平均利润率超过 9%，远高于行业 TOP10 平均值。在行业深度调控、疫情起伏的影响下，绿城中国逆势上扬，交出了一份漂亮的成绩单。

3.2.1　自我审视：从特长生向优等生转变

绿城中国以前是一名特长生，对产品品质有着超乎寻常的追求。早在2002 年，"为客户创造价值"就被绿城中国视为重要使命，写入绿城中国的理念读本。由此，绿城中国产品虽然在市场上有着很好的口碑，但是擅长拿高价地、做高端产品的绿城中国，在每次房地产调控中都很受伤，特别是随着限价时代的到来，绿城中国"高成本、高品质、高溢价"的发展

道路走不通了。绿城中国必须摆脱以往依靠土地增值和金融杠杆实现高盈利的路径依赖，从重规模向重管理转变，更加注重精益管理，挖掘管理红利。

"我花了几个月时间，想清楚了三个问题，绿城中国是谁，绿城中国要成为谁，绿城中国要怎样成为谁。"2019 年在业绩发布前夕，绿城中国董事会主席张亚东分享了他上任 7 个月以来对绿城中国的认知和对未来的思考，提出绿城中国从特长生向优等生转变。换言之，绿城中国想要生存下去，就必须提升经营力，提升利润率，走均衡发展的道路。

3.2.2　行稳致远：清晰战略下的逆势飞扬

从特长生向优等生转变，从口号到实实在在落地，需要一系列的顶层设计。正如绿城中国创始人所言，"做企业最重要的就是战略先行。越是困难，越要花时间研究战略。今天吃不上饭，就是因为昨天没想好，所以今天必须为明天想清楚。"

在 2020 年业绩发布会上，绿城中国首次对外公布了"1299"战略体系，如图 3-13 所示。1 是指一个核心目标：成为全国 TOP10 房地产企业中的品质标杆；2 是指懂客户和懂产品两个战略支点；包括重资产、轻资产、新兴业务在内的"9"大重点任务和"9"大关键能力，其中 9 大重点任务是指"房产开发、房产代建、生活服务平台、装配式内装、HD-EPC、城市更新、地产金融、康养服务、房屋 4S"，9 大关键能力为"持续变革、高效营销、精准投资、精益运营、稳健财务、做强商业、做优金融、组织人才、内控保障"。

1个目标	成为全国TOP10房企中的品质标杆	
2个战略支点	懂客户	懂产品

9大重点任务 ＋ 9大关键能力	9大重点任务	9大关键能力
	·房产开发　·城市更新 ·房产代建　·地产金融 ·生活服务平台　·康养服务 ·装配式内装　·房屋4S ·HD-EPC	·持续变革　·做强商业 ·高效营销　·做优金融 ·精准投资　·组织人才 ·精益运营　·内控保障 ·稳健财务

图 3-13　绿城中国 "1299" 战略体系

3.2.3　奋楫笃行：数字化成本管控放异彩

蓝图已绘就，但在地产政策趋紧、环境趋紧，特别是土地、金融等资源趋紧的时代背景下，到 2025 年，实现合同额 6400 亿元的战略目标并非易事。从绿城中国以往经验来看，产品美誉度带来的利润却往往被较高的成本和较长的开发周期所带来的成本所抵消，并没有额外带来多大的利润，而建安成本由于品质要求明显比市场平均建安成本高，公司目前所做的是在保证品质的前提下，将建安成本采用标准化模式进行成本控制。因此，用数字化驱动成本标准化模式从而达到成本精确控制，是绿城中国在数字化时代的重要决策之一。

如何进行成本优化，使绿城中国的产品既满足客户需求、领先竞品，又不盲目支出？如何合理降低成本各项指标，使产品在招拍挂市场上具备优秀的出价能力？面对这些问题，绿城中国梳理了成本精准管理的三个核心诉求，即提升组织的工作效率、降本、控风险；打造数据沉淀自循环体系；用数据赋能决策。这些诉求都指向数字化成本数据库建设，图 3-14 为绿城中国成本数据库全景图。

图 3-14　绿城中国成本数据库全景图

为搭建自循环成本数据库，2020 年绿城中国与广联达达成合作，制定了建立标准成本数据库、构建在线测算体系、构建闭环成本数据循环体系三项成本数据库建设目标。

1. 企业成本标准库

绿城中国通过对以往 600＋项目、1000＋分期的系统性梳理，不断地归纳总结，构建涵盖建造成本科目库、建造成本标准库、建造成本测算库、建造成本沉淀库四大标准数据库，建设过程如图 3-15 所示。其中建造成本科目库支持维护集团统一科目，内置各科目计算规则并可自由灵活设置。数据库含有初始化设置估算基础、税率等信息，便于成本人员快速编制标准指标和目标成本。建造成本标准库内含各区域、各城市标准库以及建造成本标准、设计费、规费、前期工程费数据库，通过标准库可实现在线编制、系统计算汇总得出建造成本，设计费和规费可实现导入各类费用依据并提供摘要说明。建造成本测算库支持引用标准指标库数据和历史项目指标快速、高效形成各版本目标成本；并支持各版本目标差异对比、原因分析；通过目标成本拆分合约包，设定各项目分期目标责任成本。建造成本沉淀库可通过招标模块模拟清单标准化快速完成招标、供方在线报价、系统智能清标；沉淀合同模块的合同清单价、变更签证价、材料调差、合同预算、合同结算等数据，通过沉淀的数据更新标准。

图 3-15　绿城中国成本标准建立过程

2. 在线成本测算体系

一切的房地产工作都要从"拿地"开始，而"拿地成本"又是企业效益优劣保证的重大关键点，所以"拿地测算工作"必须是"高效、精准、标准、迅速"的管理动作，在这一过程中，"数字化手段"不可或缺。同时，也只有搭乘数字化这条大船，才能让绿城中国的优秀管理发挥到极致！

绿城中国经过长此以往的房地产管理经验，已经沉淀并总结出一套适用绿城中国自身管理的成本测算管理体系和管理办法。但是作业模式依旧是各项目线下独立作业，以致于成果文件孤立、标准口径偏离、数据计算隐患、审核工作繁重、数据含义因人事变动无法澄清、集团大数据沉淀无法有效开展、战略决策支持更是难以保障。所以，与线下测算相比，"数字化"特有的标准口径固化、精准自动计算、数据云端存储、指标统计分析、成果再利用、自动智能比审等，都给房地产作业和数据管理提供强大的助力，同时配合集团既有的"流程系统""招采系统""主数据系统""办公系统"等集成，实现了全程在线管理，更是沉淀了企业的数据资产，也为企业未来战略落地提供了切实有力的数据支持和决策凭证，绿城中国成本"在线测算"流程如图 3-16 所示。

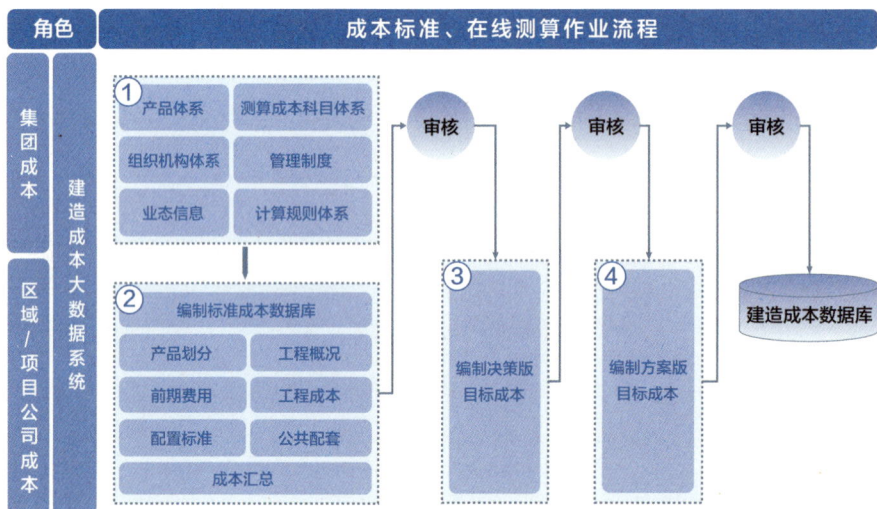

图 3-16 "在线测算"流程

绿城中国在与广联达共同开发在线测算系统时，为保障系统可以持续推进，经历了区域调研 - 集团汇报 - 区域试点 - 全集团推广，一步一个脚印地夯实，这样可以保障系统先小范围试用，在试用过程中绿城中国提出了很多建设性的意见，广联达第一时间进行了问题修复，从而整个系统在全集团推广非常顺畅。目前，绿城中国涵盖浙江、西南、华东、华南、中原、华中等 8 大区域以及宁波、绿城中国小镇共计 2104 份成本标准已全部上线入库，方便快速地进行拿地测算，以前是 Excel 软件的工作，现在全部替换成系统，方便一线成本人员以及管理者的审核。

3. 闭环成本数据循环体系

在打造成本测算系统之后，绿城中国着手建立在线计价及数据循环体系。经过集团不断沉淀的成熟管理经验，以及广联达的专业引导和专业经验，成功构建了绿城中国数据库系统建设的宏伟蓝图，成本数据库解决方案如图 3-17 所示。

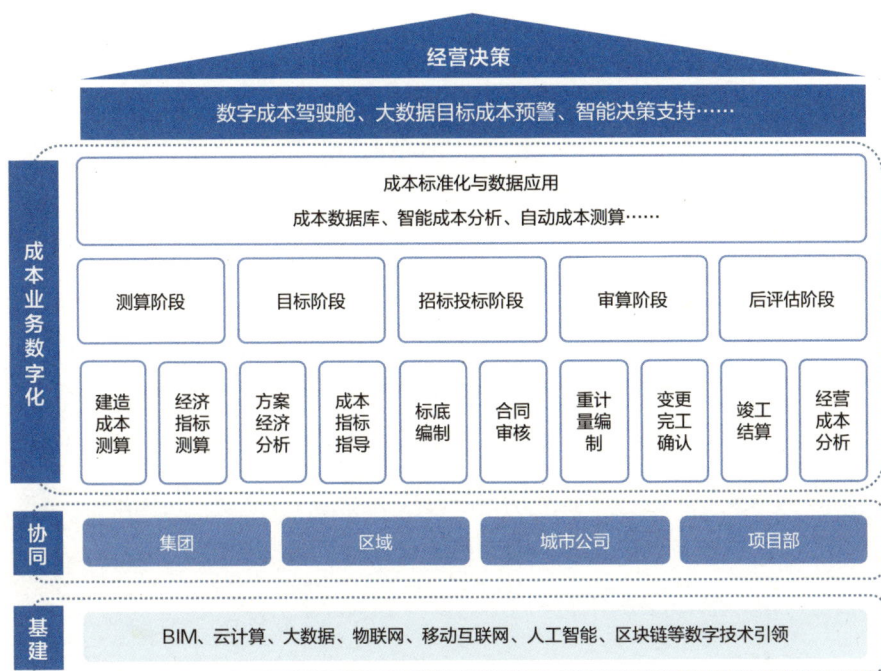

图 3-17　成本数据库解决方案

首先，构建集团的"企业标准库"。

将集团作业口径的材料清单、工程清单、成本科目，以及相互之间的衔接关系梳理清晰，通过与广联达沟通、设计，完成"材料库""清单库""成本科目库""配置标准"等标准的建设。

其次，建立"作业模板库"，"一键"清单作业。

结合日常管理的业务特征和常用内容，将各工程专业的清单集采、区域标准清单作业内容，按照不同区域、不同城市的管理习惯，建立各自适用的标准工程作业模板。通过"一键"引用作业模板，快速完成招标清单编制，并在投标时进行内容强控，有效避免了投标方误改、篡改。在编制工程预算、结算时，能够快速"一键"引用合同清单，并与相关系统打通，保证作业数据的线上无缝流转。

再次，构建报价分析体系，"一键"快速清标。

针对众多单位的投标文件和数以千计的投标数据，通过梳理评标规则、评审内容，在系统中打造集团定制的"报价分析"模块，实现"一键"快速清标，通过智能化手段，直接省去了繁重的线下清标工作，既简便快速精准，又节省了人力资源消耗。

最后，打造"工程预结算"模块，"自动沉淀"指标数据。

应用系统已有的合同清单，结合集团自身的业务特性，搭建工程预算、结算模块，以便应用既有的合同清单，快速完成作业编制，并在作业文件中设置固化功能，保证全过程文件的业务规则控制，同时随着文件的编制完成，系统可以按规则实现对应的科目指标数据的自动沉淀，从而为项目成本后评估、标准指标数据库的更新提供数据支撑。

3.2.4　迭代创新：数字化成本管控再升级

绿城中国建造成本数据库系统，已经实现了"成本测算在线化""清单计价在线化""数据自动沉淀"。虽然取得骄人的成本智能化成果，但是绿城中国的成本未来，远不止于此。

经过数据库系统上线后的不断应用和打磨完善，会逐步拓展更深、更广的应用，再次升级数据库系统带来的"数字化红利"。绿城中国升级成本数据库，建设"成本大数据库循环体系"，如图 3-18 所示。

图 3-18 成本大数据自循环系统

经过各区域、各城市项目的不断应用，通过各项目周而复始的"测算、招采、结算、沉淀"的数据作业，系统沉淀的数据将更加庞大，也就不断形成了绿城中国的成本大数据库。这是一笔宝贵的集团资产，更关键的是对大数据库的充分应用，首先实现了工程结算对成本标准的"精准"修正。通过对众多项目的实际结算数据分析，统计计算最符合实际的成本科目指标，不断逆向对标既有的成本标准，充分核对并完善修订，实现实际结算对成本标准的精准、实时修正，对新项目以及施工图设计、技术方案的数据作业进行更加精准的指导和管控。其次，实现工程结算对成本标准的"智能"修正。经过大数据对成本标准的不断修正，在修正逻辑和方法不断成熟后，未来，将数据修正内置数据库系统，通过云计算、大数据、人工智能等新型技术力量，实现自动化、实时、精准的成本标准修订以及再应用。

在建造成本数据库不断成熟应用的基础上，绿城中国将数据库系统与设计系统、订单系统、投拓系统、招采系统、ERP 系统以及中台等各相关系统实现深度、无缝对接，打造集团数据作业的管理系统生态网络，建设"信息化生态平台"，实现绿城中国作业数据的线上无缝流转，打破数据孤岛，再次赋能对一线作业减负、管理审核减负、数据资产沉淀、管理精准高效的价值升级。

3.2.5　全面深化：绿城中国的数智发展与应用

绿城中国数字化建设中心执行总经理徐祖敦先生曾说："2020 年是绿城中国数字化建设的元年。绿城中国做了大量的数字化实践，如统一营销、成本数字化底座，完善财务数字底座，拉通业财一体，打造大运营体系'施工图'版数字 AI 平台，构建数字化大中台，实现'横向、纵向和端到端'3 大数据流的互联互通等。"

2021 年从成果来看，在运营端，以"目标达成，信息对称"为主要建设思路，围绕公司利润、现金流、货值等核心经营数据，构建数字 AI 平台，逐步推广线上使用，深化大运营体系落地。在营销端，营销战图实时呈现销售数据，绿城中国云、绿城中国智、云销＋等数字产品同步落地运营，营销数字化上了一个台阶。

现阶段，绿城中国主要通过数字化解决信息对称的问题，下一步解决的就是如何给公司经营管理赋能的问题。也需要通过数字化技术、工具和手段，解决一些管理上的问题，尤其是跨部门跨条线协同的问题，横向拉通，纵向到底，打破壁垒，实现业务融合。

绿城中国在行业的立身之本是产品主义，过去是，现在是，将来也是。只有产品主义是绿城中国在行业的比较优势，也只有依靠产品主义，绿城中国才能在未来赢得一席生存之地，行业也需要绿城中国这样的品质坚守者。

成本线条基于成本数据库，通过标准化、在线协同作业工具，降低对人的要求以及跨企业、跨层级、跨部门管理的难度，提高作业效率、组织运营效率，提升"成本弦"核心竞争力。赋能经营更智慧、管理更智能，为绿城中国成本管理工作效能的提升添砖加瓦、更上一层楼！

绿城中国董事会主席张亚东先生曾说，"房地产行业就像没有终点的马拉松。要一直跑下去，不仅跑起来，还要姿势好看、步履稳健、配速良好，真正做到全面发展，行稳致远。"在全品质、高质量发展面前，数字化成本管控只是绿城中国迈出的一小步，不积跬步无以至千里，坚守"创造城市的美丽"的初心，绿城中国的未来值得期待。

3.3　标杆案例：数字赋能，中国金茂打造最具"科技范儿"的工地

1999 年，在一片荒芜的浦东地区，420 多米的金茂大厦拔地而起，实现了我国超高层建筑零的突破，也成功让人们记住了"金茂"。

20 多年后，中国金茂控股集团有限公司（以下简称中国金茂）已成为"中国 500 最具价值品牌"榜的常客，并在创新进取的路上奋力前行。正如中国中化集团有限公司董事长宁高宁所说，"我们要坚持'科学至上'，加速向科技驱动的世界一流企业转型"，中国金茂全面实施低碳战略，积极拓展新赛道，以精益建造为核心，运用数字化技术大力加强智慧工程管理、智能建造技术的推广应用，推动公司向科技驱动的创新型企业转型升级，打造"最具科技范儿"的地产企业，进一步增强核心竞争力。

2022 年是中国金茂工程管理年，公司坚持以管理驱动、科技赋能、客户导向、提质增效为原则，构建数字化技术加持下的新建造体系，着力打造精益建造能力，公司层面整合内外部科技资源，建立了工程及 HSE 创新发展平台，定期分享内外部四新技术、智能建造等方面的科技成果，以智能建造、智慧工地、智慧工程管理为目标，自行开发研制了中国金茂智建居工程数字管理平台，以管理智慧化为出发点，使用多项技术收集项目建设信息并加以处理，形成各个子模块的数据，构成信息中心，通过管理评价模型和决策支持模型，初步实现对所有项目安全、质量、计划进度、交付评审等工作的远程智慧化管理。

3.3.1　栉风沐雨，金茂工程管理演变的四个阶段

"在过去房地产行业发展最迅速的 20 年，中国金茂工程管理在这期间可以总结为四个阶段"。中国金茂工程及 HSE 中心总经理侯守超如是说。

"第一个阶段是单项目管理模式，这种模式项目投入大，品质有保障。

第二个阶段是在 2000～2010 年，在这个阶段主要房地产企业开始了标准化和体系化的过程，同时，城镇高速发展、高周转的模式使得这个时代的房地产企业管理体系不健全，质量差的项目层出不穷。

第三个阶段从 2010 至今，这段时期房地产企业的工程管理逐步走向正轨，一些行业的标杆企业不断引入新事物，比如季度检查、飞行检查、交付评估、第三方测评等，这些动作无不加速工程管理体系的不断完善和标准化。同时也是在这个时期，城镇化进程仍然不可阻挡，因此，数字化、智能化的需求也就再也无法被埋藏于地下，变成一个必须解决的问题，企业才能重塑价值链，重新走上高速发展的列车。

也就是这个时机，国家大力推行智慧建造，各种科技产品如雨后春笋般喷涌开来，中国金茂也是在这个时候引入了工程及 HSE 体系，这也是中国金茂工程管理的第四个阶段。通过中国金茂的工程及 HSE 体系，做到人机交互、工厂和现场的交互协同，最终实现一体化建造。同时实现物理世界和现实世界的数字孪生，让地产行业工厂化、制造业化，打造更加健全、数字、高效、标准的地产工程及 HSE 体系。"

随着四个阶段工程管理的经验积累，中国金茂形成了工程质量精细化管理体系设计纲领——10 要素管理法（图 3-19）。

图 3-19　中国金茂工程质量精细化管理体系设计纲领

3.3.2　继往开来，工地现场数字化正当时

当下，中国金茂工程管理的第四个阶段正在如火如荼地进行中，这背后与前几个阶段工程管理暴露的问题密不可分。传统项目工程管理具有人员密集型的特性，项目现场数据依靠人为填报，信息滞后、不准确甚至不真实，工程大数据无法有效沉淀，对于风险也缺乏可视化的预见性。

从 2018 年开始，中国金茂利用信息化、数字化的方式持续提升全生命周期 QHSE 管控能力，搭建了中国金茂智建体系中的信息化管理平台——金茂智建居系统，依据管理体系标准，打造工程质量、安全管理智建生态链。该系统采用大数据、物联网等先进技术，将项目安全关键管控环节、危险性较大分部分项工程、工程质量、施工进度节点、交付项目承接查验等信息进行全方位展示与预警。

伴随金茂智建居系统的运行，为了更好地推进工程项目精益化管理，中国金茂决定推进工程管理全面进入智慧工地时代。2021 年，中国金茂与广联达启动全方位合作，推进工程管理系统、智慧工地等的全面落地，在多次沟通探讨下，描绘了智慧工地的总体蓝图（图 3-20）。

金茂智慧工地平台						
大屏看板						
预警	进度滞后预警		施工现场安全预警		危大工程预警	设备监控预警
视频	多层查看	视频地图	定时抓拍	云台控制	视频监控	移动监控
人员	人员实名	准入管理	人证合一	门禁考勤	政府对接	人员统计
数据层	项目信息	组织架构	项目视频数据（回看）		项目人员数据（分类）	
硬件	摄像头	闸机	速登宝	人脸设备	算法盒子	无人机

图 3-20　金茂智慧工地总体蓝图

中国金茂智慧工地系统是以中国金茂的视角，围绕施工现场管理的核心要素，通过 AI ＋ IoT 等数字化手段，助力工程项目精益管理的实现，其应用变革了传统项目的监管模式和协同机制，优化了项目在施工过程中的多种生产要素，提高项目多种施工要素整合的能力，从而达到项目浪费最小化，实现价值最大化。

在风险预见的可视化方面，推出"智能监控"。智能监控系统可接入项目现场视频监控数据，可直观查看现场监控动态，同时支持 AI 智能分析预警，接入现场 AI 分析数据，项目安全隐患自动排查，利用智能化手段实现项目现场人员未佩戴安全帽、火焰识别、区域入侵、车牌识别、抽烟识别、区域入侵、车牌识别等。支持线下云台旋转、变焦等远程操控摄像头，可根据需要设置固定监控拍摄时间，自动生成小视频，在线查看项目进度前后变化情况，支持设置重点关注视频监控点，并自动轮播视频监控画面。此外，系统可接入项目现场视频摄像头监控，管理人员通过系统可实时查看项目现场视频监控消息，同时系统支持对摄像头的云台控制（支持远端云台的操控和回放），还可实现视频动态轮播。

数字工地，促进数据集成化，解决施工现场机械设备种类繁多、布置分散、数据难以采集的问题。数字工地可以集成项目数据，接入环境监测、塔式起重机监测、施工电梯监测、高支模监测、深基坑监测等智能硬件监测数据，实时查看项目监测数据，智能预警分析。数字工地可基于 BIM 模型或项目 3D 效果图对项目视频监控、智能硬件进行点位标识，使管理者更直观清晰地了解项目现场实际情况，根据需要直接调取现场对应位置的视频监控或查看相关智能硬件监测情况，实现项目在线可视化监管。

（1）塔式起重机监测：接入塔式起重机监测数据，实时掌握塔式起重机吊重、转角、倾角等数据，接入塔式起重机驾驶员认证信息，在线了解塔式起重机驾驶员作业情况及塔机预警/违章情况；了解塔式起重机吊次、吊重、工作时长等数据。

（2）高支模监测：随着我国国民经济的快速发展和城市化进程的加快，大型复杂工程项目的建设日益增多，高支模系统作为此类工程的模板支撑体系得到越来越广泛的应用。由于高支模系统本身具有多样性、复杂性及高危性的特点，近年来，高支模系统坍塌事故频繁发生，严重威胁大型建筑的施工安全，并受到社会各界的广泛关注，高支模点位监测系统可以做到地基沉降、立杆倾斜、水平位移等数据实时监测。

（3）基坑监测：基坑监测是基坑工程施工中的一个重要环节，是指在基坑开挖及地下工程施工过程中，对基坑岩土性状、支护结构变位和周围环境条件的变化，进行各种观察及分析工作，并将监测结果及时反馈，预测进一步开挖施工后将导致的变形及稳定状态的发展，根据预测判定施工对周围环境造成影响的程度，指导设计与施工，实现信息化施工。

决策智能化方面，企业 BI 下的首页看板发挥作用。随着建筑工程体量的快速增长，中国金茂对工程的复杂度和工艺水平提出了更高要求，传统技术与管理需求的矛盾日益突出。建筑工地是环境复杂、人员复杂的区域，存在施工地点分散、各种施工要素数据信息分布零散、难以统一展现的问题，企业要想真正实现项目精益管理举步维艰。针对这一难题，中国金茂推出了首页看板的解决方案。

中国金茂首页看板分为企业级和项目级。企业级平台利用系统集成各项目数据，通过汇总分析，以图表等形式直观呈现工程管理数据，实现对项目的远程监管，为领导者提供决策依据，平台提供大屏模式，可满足企业的大屏展示、项目观摩的诉求，提供企业项目数据展示平台，直观展示企业各项目的位置区域以及各项目的进度、质量、安全、人员情况，辅助管理人员进行决策（图3-21）。

图3-21　金茂智建居看板显示

在实施推进方面，中国金茂集团层以及北上广区域优先启动试用，智慧工地监控数据实时同步、智能报警，填补人工管理疏漏；智慧工地现场数据整合分析，集团远程监控，确保信息同步。

3.3.3　深化应用，智慧工地的全国推广

为更好地建设智慧工地，推进项目精益建造，中国金茂选取三亚、苏

州、太原、温州、青岛等项目作为试点，根据各项目现场实际情况，探索个性化智慧工地监管模块，实现实时管理、安全升级、监管反馈的目标，并为集团后续其他项目提供坚实的应用基础。

中国金茂华东区域将金茂华东智慧平台、项目管理系统与智慧工地平台及其子系统全面集成，实现多个系统数据互联互通，从工程品质维度与系统管理维度，为工地搭建了信息化的"智慧大脑"，提升质量、安全管理水平的同时，也为公司的信息化集成迈出了坚实的一步。

中国金茂华北区域通过智能建造技术创新实践，开拓了"零距离、实时性、全过程、全方位"的项目管控模式，促进了"安全质量保障和资源系统管控、BIM 设计和智能机械作业"协同发展，实现了建造效率提升、成本节约、工程品质提高的目标。

龙城金茂府作为中国金茂智慧建造的试点项目之一，从项目开工伊始就进行精心筹划，并对市场上所有的数字化智慧技术进行了充分调研，以此找到与项目管理需求高度契合的智慧技术。除了运用常规数字化模块，比如人员进出计数、防尾随全高门禁、入口视频安全教育、塔式起重机碰撞预警、施工电梯人脸识别等基础系统配置模块外，还结合项目实际工程管理需求，进行一些智慧技术的创新应用。

在智慧工地、金茂工程管理体系的共同协作之下，机器不再是冷冰冰的设备，数据不再是一条条没有进行过排列组合的数字，人也不再被固有的规则所束缚。智慧建造不再是"纸上谈兵"，而是实实在在地"以人为本"，创造美好生活。

3.3.4　孜孜不倦，"一心三化"开新局

除了工程管理的数字化转型，中国金茂立足以客户为中心的方向指引，明确了数字化转型"一心三化"的关键目标。其中，"以客户为中心"

是数字化转型的核心，一切业务运营与创新发展立足于客户需求，持续深化数字化产品及服务内容，提升客户体验，构筑企业护城河；"业务运营智慧化"是指纵向数字化赋能，巩固和提升业务数字化水平，强化条线间的工作衔接效率，横向强调数据驱动下的多业态协同，实现跨板块跨部门的全连接；"创新发展数字化"则是构建完善的数字化体系，赋能企业创新业务，引领业务发展，大胆运用新技术，拓展新方向，实现对数字业务化创新高效支撑，助力第二曲线增长；"技术能力共享化"是打造统一数字化平台，为各区域和各部门提供数据、AIoT 等共享支撑，实现 IT 能力与资源的统筹管理，统一服务和按需共享。

"未来，中国金茂力求在实践探索中推动工程数字化转型向纵深发展，并将其作为公司在变局中开新局的战略性支点。中国金茂将依托现有经验，夯实公司工程及 HSE 管理体系，通过前沿科学技术赋能管理提升，以客户敏感点为目标导向，双向促动，拉通周边资源，构建以工程管理为核心的智能建造生态圈，支撑并强化产品力，助力先进建设管理模式和建造方式的实施，实现企业高质量数字化转型，推进房地产行业'工业互联网＋智能建造'的建设和发展。"中国金茂 HSE 总监李宗照如是说。

第 4 章

数字化构建
设计企业发展新动能

4.1　数据驱动，构建智能高效一体化协同设计体系

4.1.1　数字时代，设计企业面临新变革需求

当前，建筑行业及其企业的发展逻辑正在发生改变，提质增效的数字化改革成为行业发展重点，设计企业作为行业发展的重要一环，面临来自业务能力、模式改变和组织管理等方面的多重挑战。

1. 业务能力提升的需求

需要提升设计软件集成与应用效能，提高设计企业管理规范的标准化程度，支撑开展基于数字化的项目全过程管理，对项目进行数字化分析、储存、过程化处理等，形成数据驱动业务能力的提升。

2. 业务模式改变的趋势

破除传统设计业务中各阶段及专业独立化和岗位重复低效、业务割裂化状态，对业务场景进行变革，重构业务场景。通过数据，向产业链的上下游企业进行数据传递，让工程建设各阶段亟须形成联动，通过数据赋能价值优化，所见即所得。

加速推进产业模式创新，探寻新发展模式和数字化业务运营模式，实现从设计到工程再到运营的全过程、全周期、全要素、全参与方的数字化和智能化的一系列活动，实现组织运营模式和商业模式的创新发展。

3. 组织管理升级的需求

提升管理系统效能，增加运行效率，对管理系统中的数据进行提取、清洗、统计、分析、加工、可视化，推动企业高效管理决策、高效生产运作。

4.1.2　数据驱动的一体化设计构建新生产力

数据驱动的一体化设计，是建筑设计企业应对数字时代变革需求，构建新生产力的落脚点。数据驱动是指在数据融合的基础上，实现智能设计；一体化是解决当前行业中数据割裂、流程割裂以及专业割裂三大问题。数字设计平台是建筑设计企业数字化的核心，基于数字设计平台，实现数字化驱动、一体化协同、前置化管理、集成化交付，打造全数字化样品，真正实现设计的全过程价值（图 4-1）。

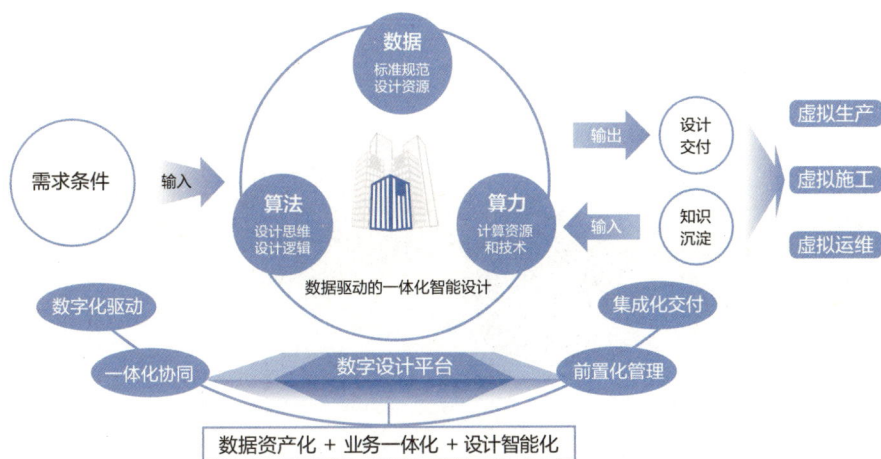

图 4-1　设计企业数字化转型业务方案架构

1. 数字化驱动

数据是数字设计重要的生产要素，是否由数据来驱动业务是数字设计模式与传统设计模式的显著区别。数字设计下产生的数据不再是静态的、粗略的，而是动态、构件级精度的。在数字设计模式下，各专业基于项目构件、空间等相关数据，以 BIM 模型作为数据载体，在统一的设计平台上进行分工协作，通过数据的自动流动，驱动业务推进，实现正确的时间处理正确的业务，达成高效协作。设计方的数据自动传递到生产方，生产方基于设计数据进行自动排产，生产的构件通过连接智能物流实现自动下单，全过程跟踪。施工方根据设计方的数据，进行物料采购、工期排程等安排，实现工厂与现场的无缝连接。通过数字设计平台进行建筑的建模、分析与模拟，将数字虚体建筑与物理实体建筑进行实时关联，实现全过程虚体建筑与实体建筑的信息同步，支撑建筑数据的全过程可追溯、全信息可搜索、全记载可调用，最终为业主交付"物理实体建筑＋数字虚体建筑"两个建筑（图4-2）。

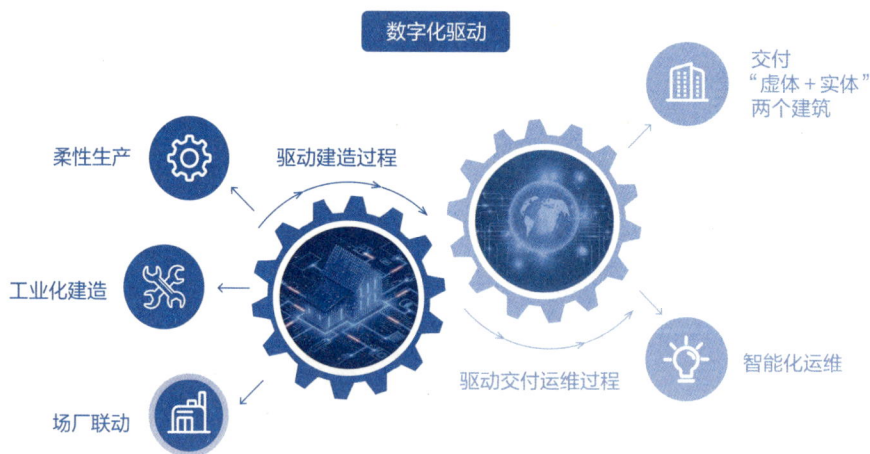

图4-2　数字化驱动贯穿建筑全生命周期

2.一体化协同

数字化横向打通，保障各专业间的高效协同。传统设计中存在多专业设计协同困难的情况，各专业间容易产生信息传递失误、图纸版本不对应、设计图纸不交圈的问题。在数字设计模式下，设计各专业通过云端的协同平台以及构件级别的协同操作，实现数据同步推进，便于灵活发现和处理问题。

　　数字化纵向贯通，赋能各参与方高效协同。传统设计中，设计、生产、施工、运维各环节相互割裂，每个环节的成果在进行下一步传递时都产生巨大的损耗。以设计环节为例，设计单位完成施工图设计后，施工单位仍需要进行专业深化设计，深化设计过程不仅产生重复工作，还可能会因为对前端设计理解不到位而进行较多地调整，造成人力资源和时间成本的浪费。在数字设计模式下，各参与方之间能够基于云端的数字设计平台实现远程沟通、远程协作，通过多成员异地协同、平台统一设计管理，实现设计相关资源的跨地域调配和设计成果的最优化（图 4-3）。

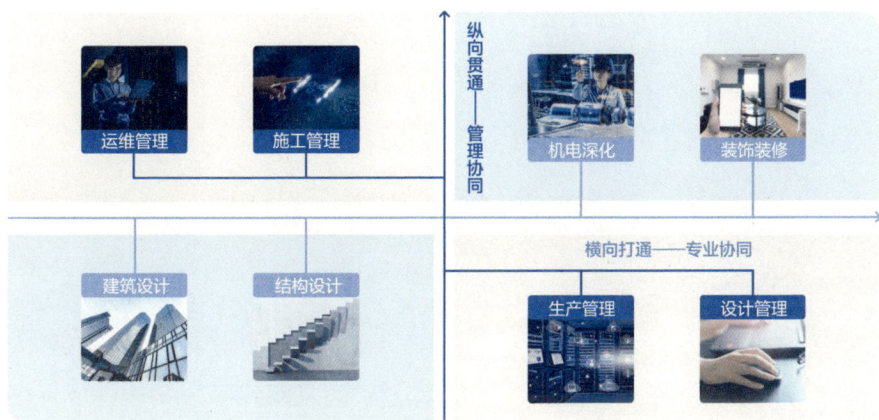

图 4-3　数字设计实现一体化协同

3. 前置化管理

　　数字设计通过前置化模拟、低成本试错，大幅度减少设计变更导致的浪费。基于数字设计平台，采取逆推式模式，在数字设计之初，就将工程开发全过程中成本、施工、运维各阶段所需要的信息提前集成在 BIM 模型中，模型承载各个阶段所需的关键信息，实现成本的实时显示，无缝对接工厂构件加工系统，提供专业深化设计信息及运维系统自动化模拟信息等，便于提前发现与解决问题，实现诸如"施工场景模拟""运维场景模拟"等数字化管理，大幅度减少由设计导致的浪费，实现设计全过程最优，全面提升设计成果价值（图4-4）。

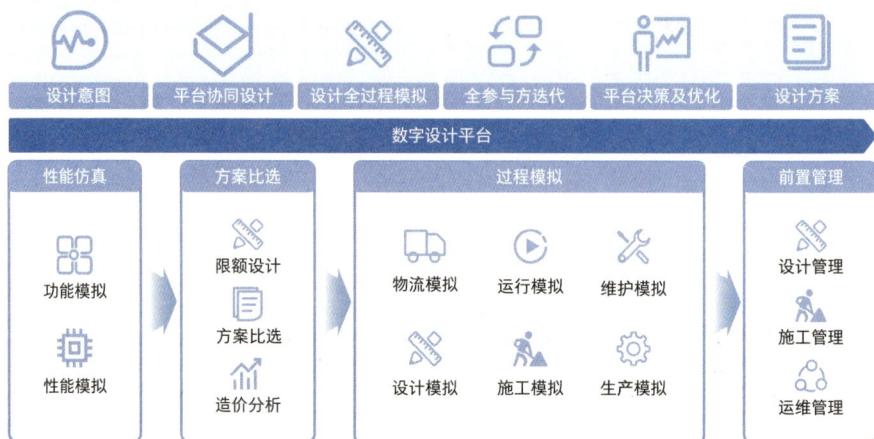

图4-4　数字化设计实现前置化模拟

4.集成化交付

集成各专业信息的数字模型交付是数字设计模式的重要特征。在数字设计模式下，设计各相关专业，如建筑、结构、机电等专业的设计成果都集成在同一个模型中，而下一个环节的参与方将基于该模型进行相应信息的添加和迭代，充分发挥 BIM 等数字化技术的价值，完成唯一模型在全过程中的使用，显著减少设计差异，将传统设计过程中相对独立的阶段、活动及信息有效结合起来，降低设计带来的浪费。通过集成化交付，还可实现分阶段、分图层出图，为建造过程中的生产、施工提供数据，提高设计效率与价值（图4-5）。

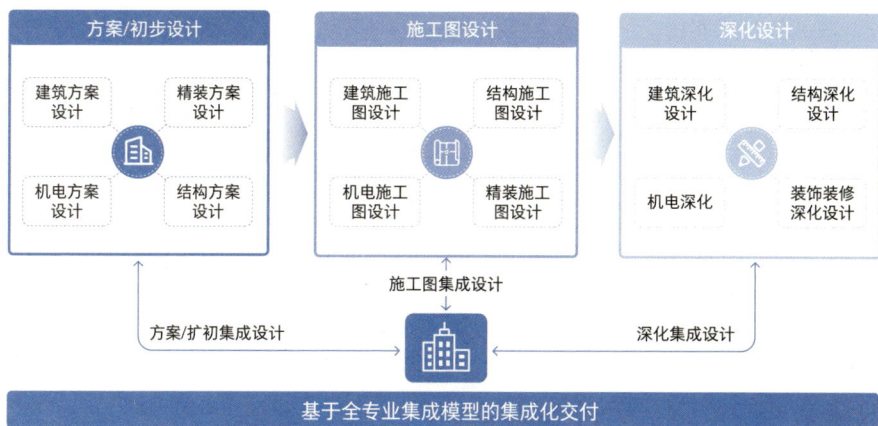

图 4-5　数字设计实现集成化交付

4.1.3　"三位一体"打造未来数字设计院

对于设计企业来说，项目是企业业务的核心基础，通过协同和工具提升项目效率就显得尤为重要。通过一体化项目管理方案，真正实现多项目的高效益管理，才能为设计企业创造更高价值。对于集团层来说，则更关注经营管理以及数据资产的沉淀。

正因如此，实现设计企业的数字化转型核心是搭建"三位一体"的数字设计平台，利用数据驱动的一体化设计，实现岗位层的设计智能化、项目层的业务一体化以及企业层的数据资产化。

在数字设计场景下，设计师可以将设计过程中产生的各类知识资源以及业务流程，沉淀为数据资产，同时通过平台为项目和企业提供知识输入，不断夯实企业数字化基础。随着设计院数据资产的丰富，企业能力以数据资产的方式沉淀下来，形成数字设计平台，企业组织结构、经营理念以及商业模式都会发生变化。此后，企业的三层结构边界会逐渐模糊，最终融为一体，整个企业项目运作和管理会围绕数字设计平台展开，最终完成数字化转型升级。

1. 设计智能化

岗位层工作是勘察设计业务的起点，是整个设计产品质量的关键所在。岗位层的提质增效，是数字设计最直接的价值体现。在数字设计模式下，建筑、结构、机电等各专业岗位的设计师，在大数据、人工智能等数字化技术的赋能下，通过数字设计平台提供高效、易用的设计软件，进行衍生式设计，使设计创意得到最大程度的呈现；同时，整合设计资源库中丰富的设计构件、设计模块、设计标准，使用构件级 BIM 数据库，进行模块化设计，大幅度减少重复性建模，提升设计效率；通过构件级数据的驱动，岗位层实现高效设计，最终交付各专业二维图纸与三维 BIM 模型，为实现设计算量施工一体化奠定基础（图 4-6）。

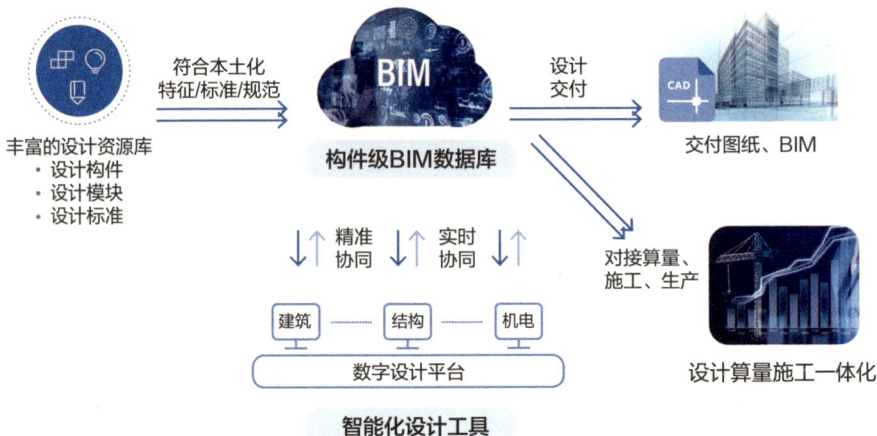

图 4-6 设计智能化场景

2. 业务一体化

项目层是勘察设计业务的基本单元，决定着整个设计过程的成败。在数字设计场景下，数字设计平台提供多种智能化设计手段，在提升设计师设计生产力水平、激发设计师创意灵感的同时，实现项目全专业、全参与方的高效化协同，让设计创意得到有效传承。数字设计以用户最终需求为起点，通过全过程逆推式设计打破传统模式，以"功能需求"为原点逐层逆推到上游设计领域，使建筑产品最大化满足用户需求；以各参与方不同需求为目标，对模型进行全过程模拟仿真与反馈优化，打造设计方案最优、商务方案合理、实施方案可行的全数字化样品，实现建筑产品与建造过程的双成功（图 4-7）。

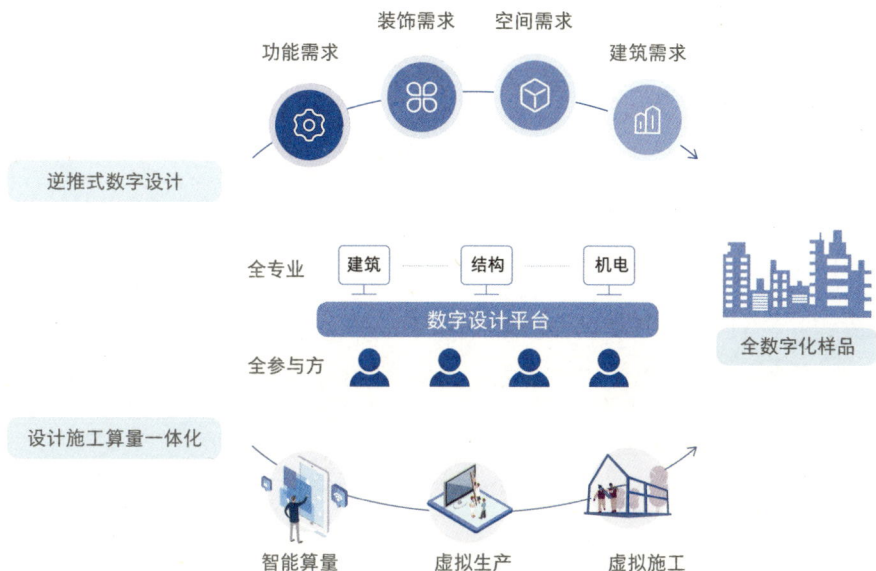

图 4-7　业务一体化场景

3. 数据资产化

　　企业层是勘察设计业务的主体，承担着整个行业转型升级的重任。在数字设计新场景下，设计师将设计过程中产生的各类知识资源以及业务实践经验，沉淀积累成完整的知识资产库，同时通过知识分享工具，为项目与企业提供知识输入，将业务最佳实践变为企业数据资产，为企业创新夯实数据基础。通过数据驱动项目精细化、智能化的管理，推动设计过程、方案模型与生产要素的综合数字化，实现数字设计平台支持下的项企一体化，对多项目进行集约化管理。最终，通过设计算量施工一体化，赋能设计企业稳步开展设计、工程总承包与全过程咨询业务，实现设计业务的扩展，提升企业核心竞争力（图4-8）。

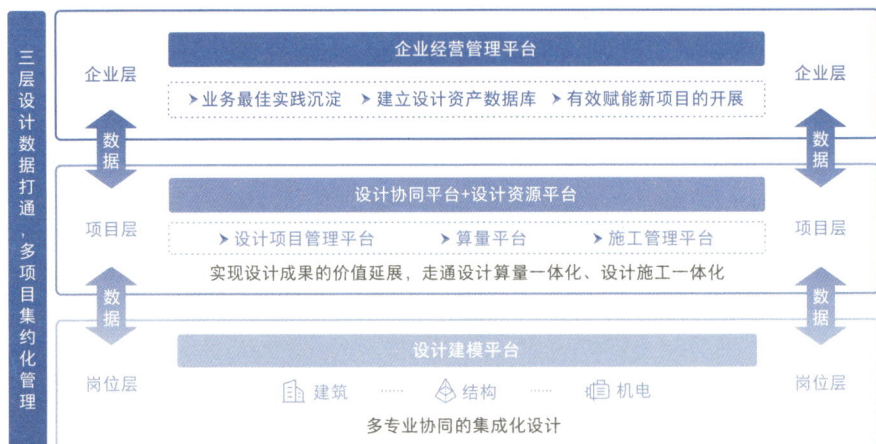

图4-8 数据资产化场景

4.2 标杆案例："设计＋科技"，睿住天元打造智慧设计，创造美好空间

以设计科技综合服务商作为企业发展定位的广东天元建筑设计有限公司（以下简称睿住天元），经历30年积累与沉淀，在建筑全生命周期数字化设计基础上迭代，成为行业先行者，树立了行业权威形象。面对"双碳"目标和建设数字中国的大背景，睿住天元把握机会，坚持创新，通过数字化转型，以精准的设计作品和技术产品顺应大环境发展，增强企业核心竞争力，持续输出新产品、新价值，赋能推动建筑产业生态链数字化升级，客观地创造更有温度、更适合人类生活的空间，因此获得中国最具

期待智慧价值建筑科技企业、WATIC 世界建筑科技创新引领企业等多项荣誉。

4.2.1　夯实基础，开展项目全生命周期的 BIM 技术应用

千里之行，始于足下，自 2017 年起，睿住天元以数字化、智能化与装配式三个专项为切入点，开展前沿性研究及实践，夯实数字化转型基础。而随之成立的"睿住天元数字创新中心"，以开展数字化设计为重点，涵盖培训、研究及生产实践等职能。

在生产实践过程中，睿住天元采用产研结合方式，推动数字化技术应用从设计阶段拓展到施工、运维等阶段，实现全过程应用，逐步建立基于 BIM 数字建造体系的项目整体解决方案，推出 BIM 正向设计、BIM 设计算量一体化、BIM 设计施工一体化、BIM 住宅标准化封装体系、BIM 装配式建造体系五大智能建造产品体系。

BIM 正向设计。配合方案设计，通过 BIM 绿建分析和可视化设计，打造绿色低碳建筑；施工图设计中，在同一模型实现多专业协同及设计条件整合，实现"零"碰撞、"零"变更；通过协同平台，可实现三维模型和二维图纸的实时联动，达到高效高质的二维加工目的。

BIM 设计算量一体化。实现设计阶段成本管控前置和精细化成本管控，解决不同阶段重复建模、算量人员识图能力不均等问题，该技术已在 3 个工程项目中进行了测试和实践，对项目推进精准、提质有着关键作用。

BIM 设计施工一体化。如图 4-9 所示，为避免设计阶段与施工阶段重复建模与信息断层，在项目启动时，BIM 设计团队与 BIM 施工团队应就双方工作诉求及建模标准进行沟通梳理。进而，按照设计施工一体化设计要求，建立新的 BIM 建模标准、沟通机制和风险管控机制，明确设计和

施工的模型界面，保证 BIM 设计模型 70% 可直接过渡到施工阶段，避免施工团队重复建模，缩短深化设计周期。

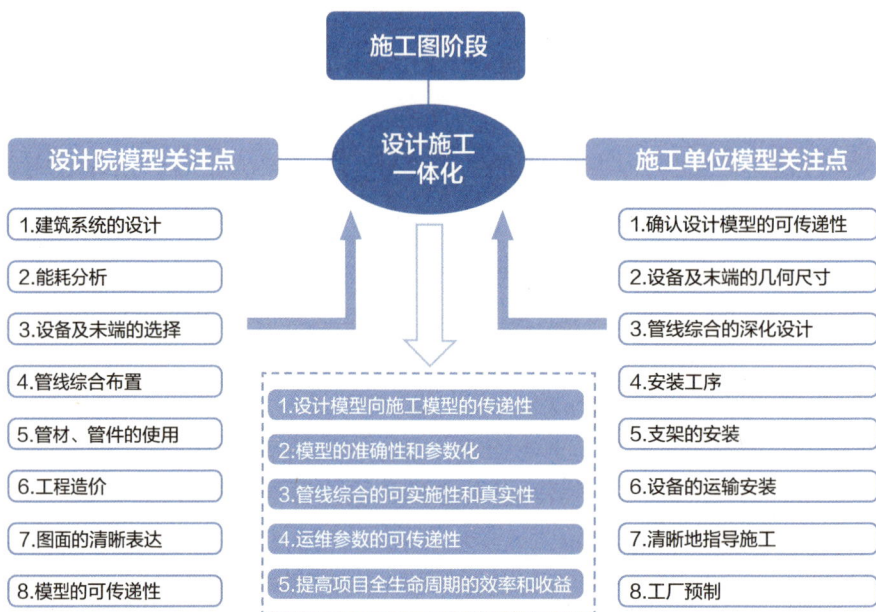

图 4-9　设计施工一体化

BIM 住宅标准化封装体系。以解决保障性住房及装配式住宅的全过程精细化项目管理为目的，拉通设计、成本、施工、营销、运维的数据联动及业务联动，减少管理内耗产生的无效成本和经验主义造成的项目决策失误，通过 BIM 标准化封装，实现设计一键切换、设计成本同步联动、设计成果延续到施工、营销端，实现集成数字化成果交付，如图 4-10 所示。

BIM 装配式建造体系。装配式建造方式是实现建筑工业化的重要抓手，也是实现智能建造的关键过程。通过应用 BIM ＋ MES 技术，实现数字化装配式设计生产，打造"装配式建筑 ＋ BIM"集成技术，提供全过程的系统解决方案。

基于五大智能建造体系，睿住天元落位了项目全生命周期的 BIM 技术应用。以一栋 38 万平方米的城市商业综合体为例，因其项目规模大、施工周期短、参建单位多、质量要求高，从而采用 BIM 技术贯穿全过程辅助项目管理及业务协同工作，见图 4-11。

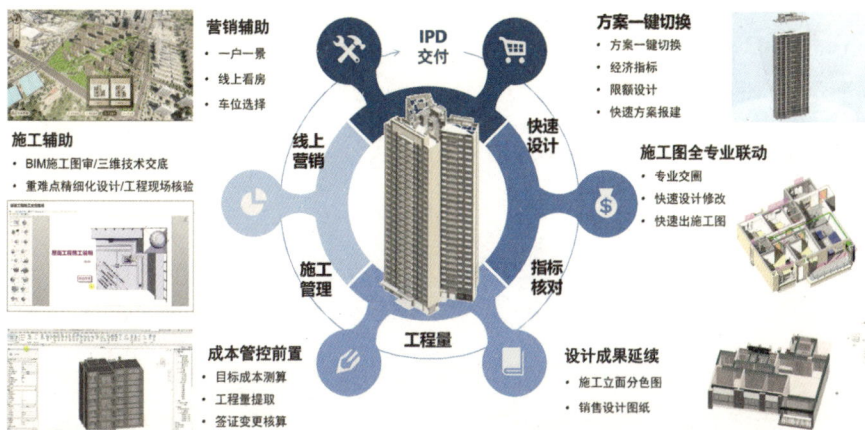

图 4-10　住宅标准化封装体系

图 4-11　项目全生命周期的 BIM 技术应用

从方案设计到施工，包括地下室 BIM 协同应用、装配式 BIM 设计前置、BIM 限额指标管控、施工模拟、工程量统计等 18 项创新应用，为建设单位节省无效成本约 800 万元，提前发现并解决设计问题 443 项，节省施工工期 7%。创新性 BIM 设计施工一体化应用理念改变传统项目协同机制和流程，使施工精管理前置且减少施工模型的重复搭建时间至少30d，设计模型 70% 以上有效传递给施工单位重复使用，大幅度降低施工周期和无效成本的浪费。一定程度上打破了传统建筑行业设计条线与施工条线信息孤岛、协同割裂的问题，革新了传统建筑设计行业设计内部、设计与施工之间的协同工作模式，为行业协调发展提供了可借鉴的道路。

4.2.2　拓展版图，构建三大设计科技应用模型

作为数字化变革和转型的践行者，2021 年起，睿住天元以设计科技综合服务商作为企业发展定位，打造设计科技板块，数字建筑创新中心坚持提供综合服务以取代单一的设计服务，开展项目全生命周期数字建设落地。联合广联达等多家标杆科技公司，逐步搭建多业态下工作流各阶段痛点解决的科技手段应用场景，推出包括城市更新、孪生社区、智慧商业三大设计科技应用模型。

城市更新（Urban Renewal）已成为我国进入以提升质量为主的转型发展新阶段的重要驱动。针对其现行推进中存在的问题，可归结为规划体系缺少运营思维，缺乏统筹推进机制，忽视城市运营，缺少长期管理运营理念。睿住天元应用科技化与数字化的技术手段，提出"现状盘点—价值评判—实施框架—模式选择及方案实施"的技术路线，在提升城市空间格局的同时，利用科技化手段对投融资模式、城市运营、数字化管理和可持续性发展等多个维度进行综合判定，如图 4-12 所示。

赋能科技手段

大数据爬取　　空间句法　　无人机扫描　　数字孪生应用

解决项目要点

客观评估现状　　三维模型建立　　价值体系及模拟模型

建立更新模式

客观理性反映现状　　科学分类价值评估　　开发与资金模式模块化　　运营思路定制化

图 4-12　城市更新科技应用模型

在国家建设行业高质量发展推动下，睿住天元针对重要板块之一的社区发展，以零碳发展、智慧管理以及生命品质提升为目的，形成孪生社区模型。其以大数据、设计协同与智审、孪生技术服务住宅项目全过程，实现高质量发展及精准开发目标。详细来说，在设计阶段，运用 BIM 正向设计和 AI 智能审图系统等提高工作效能及输出精准度，并以预测模拟技术对室内舒适度、场地内微气候等量化分析生命品质提升情况以及生态健康情况；在运维阶段，通过智能化场景设计及设备布局，基于 BIM 运维模型在 IoT 平台上形成数字孪生社区级应用，实现实时管控与风险预测，并为城市智慧大脑接入预留了可能性。

随着商业趋势的变化，"新零售"模式需要打破以前线上和线下各自封闭的状态，以线上产品发展逻辑落位线下实体空间打造，实现大数据、全渠道、全链路的模式。

智慧商业模型是以前期分析—方案验证—方案定性诠释痛点—用户—需求—完善发展三阶段的破题逻辑。其中，串联大数据爬取、多元回归模型、可视化分析、人流预测模拟、视线热度分析、能源消耗分析等多项技术，尝试从宏观到微观，由片区研究到建筑方案进行前期分析、方案验证和方案建议，打造创新型商业全链条数字化设计，以解决现实体商业痛点。

以前期策划为例，在宏观层面，前期分析依据新零售商业的空间构成要素——建筑体、客群和城市空间，对项目地块所处片区及覆盖区域进行剖析。针对覆盖范围分析，通过建筑规模推算服务半径，为大数据爬取提供更精准的爬取范围及分析结果。对片区人流，可根据城市交通空间模拟客流运动行为及轨迹进行初步判定。运用大数据爬取技术，为项目商业形态和业态的确立提供基础数据支撑。针对区位交通潜力分析与重大连接点判定，在城市空间分析层面，对项目商业区位多个元素进行整合度计算商业活力（图 4-13）。

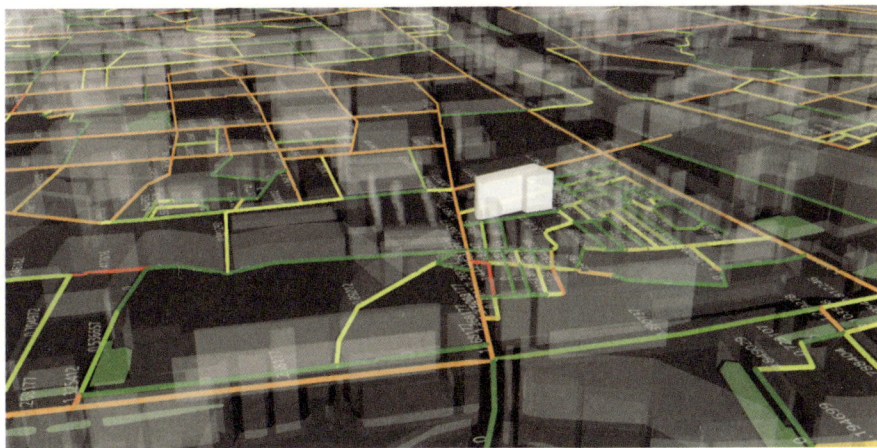

图 4-13　穿行度 NACH 值分析

4.2.3　砥砺前行，新设计营造法则勾勒转型新愿景

睿住天元在数字化、装配式、智能化方面积累了足够的项目实践经验和研发成果。2022 年，为进一步整合设计科技生态链和升级设计科技理念，以"双碳""建筑工业化""设计数字化"为目标，将多源数据爬取、自动化生成式设计、装配式建筑设计、3D 打印技术、信息化智能化设计、数字孪生、元宇宙场景及虚拟空间设计等技术装载到数字建筑创新中心研发主体中，升级成为"科技创新中心"，通过科技赋能设计，关注生命品质及情绪空间，形成全新的营造法则，迭代最具科技思维的设计人才，以科技结合建筑方法论创造出人与环境更适配的空间载体。

空间营造法则的形成是基于建筑作为人类生活、行为的一个物理载体，以客观理性的科技手段剖析人类的真实需求，构造全新的建筑与环境关系。在科技高速发展与大数据时代，以更符合使用者的价值研判角度及手法，以人工智能与人类角色结合，创造更有温度的空间。详细包含四个步骤，首先是场景数据化和数据网络化，此两项为需求研读呈现，即对使用者在场景使用中的数据变量进行记载，而对这些多元数据进行网络关联化反映最真实的情况。最后两步分别为网络智能化、决策真实化，即为设计阶段的呈现，人工智能模型将对经验设计成果进行重组与优化，验证建筑与环境组织是否为最优，为最终决策生成提供科学客观的支撑。其在底层逻辑上重构了设计逻辑，在实践过程中呈现为工作流各节点科技手段应用，落实到不同层级及类型的项目应用（图4-14）。

　　未来，工程设计行业将更加积极地投身于数字化转型快车道，以打造宜居、健康、可持续的建筑和城市为己任。睿住天元也将持续在数字化转型过程中投入更多的人力、物力及精力，通过持续探索客观的、科技的手段，依托数字化与现有设计方法论的结合，创造更适合人类生存和活动且更有温度的空间，助推企业数字化转型和行业数字化走深走实。

　　纵观睿住天元企业数字化转型过程及其取得的卓越成效、转型经验，可总结为以下三个方面：

　　首先，睿住天元在保持经营业绩良好的前提下，成功拓展了设计科技领域的市场版图，在业务布局和铺排上抢占先机，提升了企业品牌价值。通过数字化转型和科技手段应用，建设数字化管理平台，持续输出新产品、新价值，促进企业市场版图的拓展和专业影响力的提升，企业也做到提效降本、开源节流。在"双碳"目标和建设数字中国的大背景下，睿住天元的发展既符合建筑产业绿色数字化转型需求，又体现了赋能推动建筑产业生态链数字化升级的企业价值。

　　其次，在整个产业链上，睿住天元凭借传统业务有充分沉淀，开展基于零碳、BIM、装配式、智能化四大科技应用模型的研发创新和项目落地实践，创新了企业数字化模式。展开应用探索与持续研发，设计协同一体化方面已有成果落地，后续将逐步拓展前置模拟、价值研判等更加广泛的应用场景，以及启动基于生态性能生成式设计的产品数字化。

智能投排平台
实景三维模型及风险预警
大数据爬取及项目定位

拿地前

业态建议与权重分析
智能设计算法
AI审图应用
流线后验证模型
信息化模型-设计

设计阶段

信息化模型-施工
工地进度管控

施工阶段

孪生智慧运维
数字化营销支撑
信息化模型-运维

运维阶段

图 4-14 项目全生命周期数字建设

最后，在企业数字化转型过程中，睿住天元通过产学研的培养机制，构建了完善的数字科技人才培训体系，建立一支复合型设计科技技术团队，为公司的飞跃发展保驾护航，进一步推进企业设计科技战略发展和生态布局。此外，睿住天元每年进行 BIM 全员技术培训，不仅增加了睿住天元的业务承接能力和市场竞争力，更对睿住天元的智能建造和零碳建筑技术应用落地储备了强劲的创新研发和项目落地技术团队。

坚守正道，创新价值。在持续创新的道路上，睿住天元不忘初心，坚持践行低碳社区与绿色建筑设计指引及实施途径，技术支持建筑行业低碳发展，以"设计＋科技"赋能中国智能建造高速发展。

4.3　标杆案例：在创新中坚守匠心　解读中建西北院发展密码

西安，十三朝古都。秦皇陵、古城墙、大雁塔，是世界对西安古都气韵的记忆。对今日的西安来说，除了古都气韵，大唐芙蓉园、西安环球贸易中心、西安绿地中心双子塔、世园会天人长安塔、西安幸福林带建设工程、"筑梦新长安"系列公建等，也是城市现代化建设变迁的亮丽风景。这些代表性建筑，更记载着中国建筑西北设计研究院有限公司（以下简称中建西北院）砥砺奋进的身影。

中建西北院，成立于 1952 年 6 月 1 日，是中华人民共和国成立初期国家组建的六大区建筑设计院之一，历经 70 年的拼搏奋斗，从三秦大地走向了世界各地，铸造了一个个建筑经典，成为全国资质最全、规模最大、实力最强的甲级建筑设计单位之一。

面对高质量发展的新要求，中建西北院正致力于打造从"投融资策划、项目策划、规划设计、工程总承包及运营导入"的全产业链，以"1＋2＋N"业务模式，努力成为"城乡发展的引领者和践行者"，中建西北院党委副书记、总经理王军如是说。

4.3.1　审时度势，拥抱数字化往前走

在数字化赋能各行各业高质量发展的当下，建筑行业的数字化稍显得不那么尽如人意。麦肯锡全球研究院的研究表明，在全球机构行业数字化指数排行中，建筑业在资产数字化、业务流程及应用数字化、组织及劳动力数字化方面居倒数第二位，仅高于农业。在我国机构行业数字化指数排行中，建筑业在资产数字化、业务流程及应用数字化、组织及劳动力数字化等方面数字化程度更低，居倒数第一位。这种状况，用中建西北院 BIM 设计研究中心主任董耀军的话来说，就是"近 20 年来，整个工程建设行业的发展已成为互联网领域的黑洞，数字化黑洞。"

从建筑设计行业来看，落后现象加重，设计标准的主要参考还是国家工程制图 2008 标准，十几年间基本没有变化。一盏孤灯一叠纸，一把标尺一支笔，是对过去建筑设计的生动描述，随着时代的发展，传统的设计形式已无法满足社会发展的需求。比如客户会突然提出要求，让设计企业立即提交合作项目的建筑面积等数据，单纯依靠纸笔计算是行不通的。再比如"3060"碳达峰碳中和目标的提出，建筑减碳势在必行，而作为工程建设前端的设计，成为建筑减碳的源头所在。

无论是客户需求，还是社会趋势，都在推动设计行业加快数字化转型。中建西北院很早就认识到这一点，积极拥抱数字化往前走。以管理平台的建成应用为例，"云即时通信系统""云综合办公系统""项目管理系统""档案管理系统""人力资源管理信息系统""超融合平台"等的建设，都是中建西北院以数字化促进精细化管理的创新实践。与此同时，在设计数字化方面，中建西北院早在 2018 就开启了二维协同平台开发工作。

4.3.2 关键洞察，开辟数字化新境界

随着数字化建设的不断深入，中建西北院逐渐形成对设计企业数字化转型的关键洞察。

首先，设计图纸的精准化是设计企业实现数字化的原点。建筑工程若想顺利实施，离不开最前端的零误差图纸设计。提升设计图纸的精准化，镌刻在中建西北院的成长基因中。30 多年前，建筑设计行业基本是纯手工画图，而中建西北院就创新性地以节点详图的方式规范设计作图，提高画图效率。当时中建西北院针对各类建筑的关键节点，做了很多设计样图，当遇到类似建筑项目时，需要哪些节点详图，可以直接从节点详图样本中寻找。这种方式在施工中难免会有一定的误差，但受时代与需求所限，人们对类似误差错误的容忍度很高，即便错了 10cm，有经验的现场工人也会调整过来。但在目前数字化时代，如果以 2008 制图标准来衡量设计企业设计图纸的精准度，基本是零差错的，但从客户的视角看，百分百满意度的设计图纸是不存在的。围绕客户需求，借助数字化手段对设计图纸及时纠偏，达到客户视角的零误差精准度，而不是设计企业自己认为的精准度，是设计企业实现数字化最起码的要求。

其次，以结果为导向推进数字化事半功倍。"这是我们 10 多年发展得最根本的一个收获"，董耀军表示。以结果为导向，关注点是促成高性价比的工程，而不是过度追求技术的先进性。在早期推进数字化时，中建西北院倾向于将数字化作为技术工具，以设计从二维向三维转变为例，初期组织一批人集中学习软件，再将这批人分派到各单位开展三维设计出图培训，以推动各单位更好地承接工程项目，但实施效果没有达到预期，市场认可度不是很高，后来又将这批人集中起来做研究。经过几次反复，中建西北院发现了问题所在。数字化本身是没有错误的，但可视化只是设计三

维化的一个表面特征，设计三维化最终要实现的是减少设计变更，与施工及运维有效融合，推进建筑工程高质量完成。自此，以结果为导向贯穿了中建西北院推进数字化的全过程。

再次，"以人为中心"先改良后改革推进数字化。董耀军认为，推进数字化，需要讲究策略方法，对建筑设计数字化而言，要站在设计师的角度，从他们的工作痛点与难点出发，以点带面，有序推进。举个例子，一般来说设计师的产值收益往往与设计项目数量相关，而过多的设计沟通会议占据了太多的时间，是设计师比较头痛的事情。基于此，中建西北院陆续上线了二维协同设计系统平台、设计师交流平台等，实现了随时随地的沟通，受到设计人员的广泛好评。再比如推进 BIM 应用方面，除非项目有要求，很多设计师仍固执地使用 CAD 等传统出图工具。自 2019 年起，中建西北院牵头，连续三年举办陕西省 BIM 大赛以及首届中西部 BIM 联赛，通过开展公益竞赛的形式，以赛代练，主导西北区域形成基于交付价值导向的命题式 BIM 竞赛，引领 BIM 创新发展。与强制推广 BIM 应用相比，这种软推广方式可以潜移默化中引导社会各方客观、理性地看待 BIM 技术的真正价值，一定程度上弱化了相关人员对 BIM 应用的抵触心理。"自 2021 年起，我亲身体会到竞赛带来的影响，外出讲课或者向甲方推广 BIM 时，阻力成倍地减少。"董耀军这样说。

最后，数字化转型需要协同创新与生态合作。在中建西北院看来，建筑行业的信息化数字化要围绕建筑行业全产业链，站在全产业链的角度思考数字化的目标和路径，通过智慧化数字化系统，把设计、施工、装修、运维等数据连通起来，以数据驱动工程建筑的精细化管控。这一切的实现，与创新生态合作密不可分。先从产业链自身来看，要聚焦建筑业务，实现设计与业务结合。以往设计与施工现场基本是割裂的，设计人员只在方案设计、施工图设计阶段与甲方联系密切，等到建设的时候，设计单位人员在施工现场基本是缺席的。说到底，设计师现场缺席，其价值不能快速、精准得以体现，很简单的例子，针对图纸上预留的一个孔洞，结构工程师、水电工程、消防工程师多个专业设计师快速结合施工现场，给出有针对性的、当地认可的说法。换句话说，施工现场每一个问题的回答，都需要多专业的融合。基于此，中建西北院采取 BIM 人员出现场的方式，与建筑师、工程师相比，虽然 BIM 人员在结构计算、幕墙受力计算等方面不是很专业，但他们能够通过 BIM 模拟建模，快速综合建筑各专业模型，综合完整地反映整体设计意图，并通过可视化的方式呈现在各参与人员面前，大大节约沟通成本，在设计院、施工单位与甲方之间起到很好的沟通中间体作用。再看生态合作方面，中建西北院积极扩大战略合作圈，不仅与广联达等数字建筑平台服务商合作，大力推广应用国产 BIM 设计软件，在住宅等项目领域中率先试用广联达数维建筑设计平台进行正向设计，积累正向设计经验和培养 BIM 设计人才，探索设计、造价、施工等全过程一体化的 BIM 应用，还与金融科技类公司探索供应链金融。此外，中建西北院更是锚定"双碳"战略目标，与时俱进牵头成立了"匠之基·零碳建造"创新工作室联盟，汇聚相关行业的企业家、科学家、工程师、行业专家和技术工人，在智慧城市、低碳建筑、建筑行业信息化、智能建造、智能制造、节能减排等方面共同开展技术改造与革新。

4.3.3 躬身笃行，累累硕果中显担当

奋楫笃行，臻于至善；行而不辍，履践致远。在实际项目开展中，中建西北院以问题为导向，聚焦产业链、价值链等关键环节，利用 BIM 技术，在设计阶段引入施工优化、融合施工需求，通过完善深化设计连接设计与施工，发挥全产业链优势，将各阶段、各节点信息要素进行数字化，重构设计与施工流程，促进 BIM 行业发展。同时，中建西北院创造性地提

出"两全一站式"EPC 工程总承包模式，以设计为龙头，全生命周期的关注，全产业链资源的整合与价值创造，为业主提供"一站式"服务。

先看 BIM 全生命周期应用的典范——西安咸阳国际机场三期扩建工程。作为中国民航局"十三五"规划中的重点建设项目，也是西北民航发展史上规模最大的基础设施建设工程，该机场预计 2030 年实现旅客吞吐量 8300 万人次、货邮吞吐量 100 万吨。其中，东航站楼（T5 航站楼）是扩建工程的核心工程，建筑面积达到惊人的 70.03 万平方米，堪称西北民航发展史上最大的单体建设项目。2017 年，中建西北院在全球多家优秀设计团队中脱颖而出，成功中标"西安咸阳国际机场东航站区规划暨东航站楼建筑设计"项目。考虑到参与方多，既有内部的各设计所，也有外部的民航西北院等，还有专项分包各单位，沟通协调难度可想而知，中建西北院牵头组建了"建之芯"BIM 团队，充分整合各方设计资源，通过搭建 BIM 管理协同平台，利用 BIM 模型进行前期设计图纸的验证与问题跟踪，形成基于云端的多方协同设计＋数字化管理新模式，在设计、施工、运行等阶段实现 BIM 全生命周期应用，服务现场一线生产，推动机场成为国内首个从初步设计阶段开始，以统一的模型和协同的平台贯穿项目全生命周期 BIM 应用的机场。

为规避 BIM 的应用仅限于生命周期某一阶段，带来专业信息割裂，造成信息交付效率低下的问题，在设计阶段创建 BIM 模型时，中建西北院已充分考虑到在项目全生命周期各阶段、各专业间的应用，将各阶段需求前置，实现各阶段信息的有效传递，提前解决大量施工中可能存在的问题，提升设计质量，设计模型将延续至施工，促进设计施工一体化应用。同时，借助 BIM 管理协同平台，通过插件实现 BIM 模型轻量化上传，实现了即时浏览模型数据，对模型进行浏览、测量、剖切、查看属性、漫游、查找问题记录并发送任务至相关设计人员，设计人员确认问题、调整设计图纸完成图纸优化，解决设计图纸问题。以 BIM 技术为支撑，通过技术与管理的融合，打通各个专业、分包之间的接口，降低各个环节之间的浪费，有效提升项目价值，节约社会资源（图 4-15）。

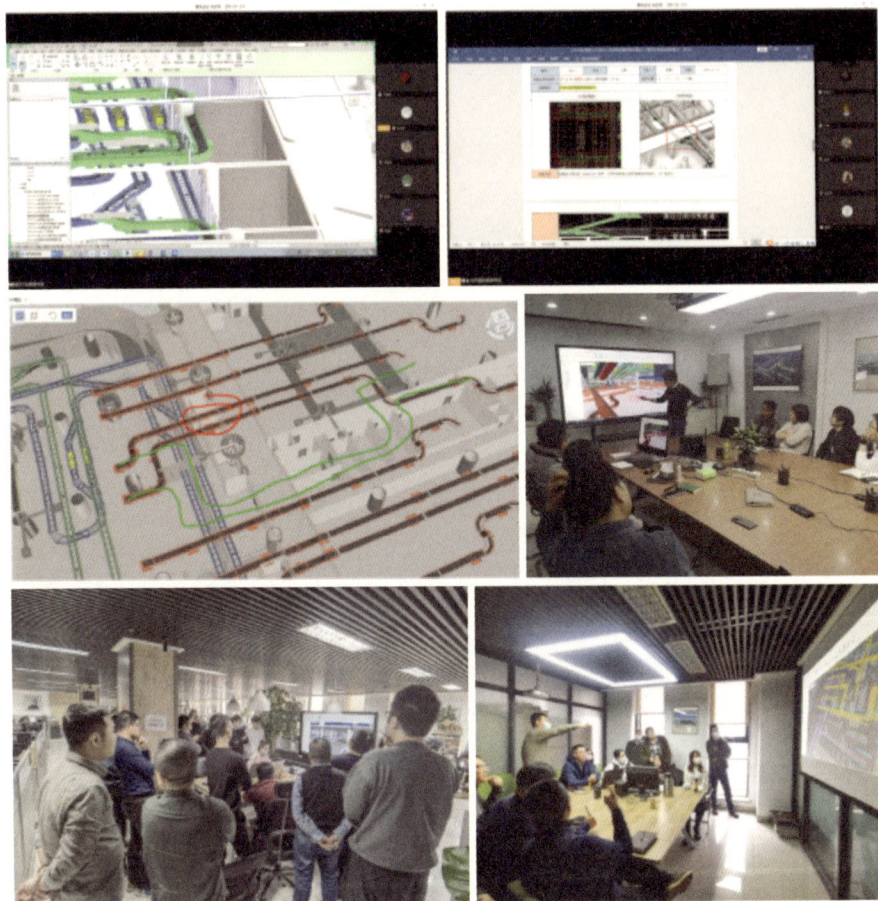

视频会议、疫情期间和配合过程均为基于 BIM 的协同办公

图 4-15　基于 BIM 平台的协同管理

再看"两全一站式"EPC 工程总承包模式的样板——西安幸福林带建设工程（图 4-16）。1953 年，苏联专家首次提出西安幸福林带建设工程，用于隔离军工企业生产、生活区域。但在随后 50 年的历史中，幸福

林带建设被一再搁置。2003 年，时任西安市委书记栗战书提出"还林于民"，该工程被重新提上日程。2012 年底，随着《幸福路地区综合改造总体规划（2012-2020 年）》通过市政府常务会议审议，作为核心项目的幸福林带建设进入加速度。2016 年 11 月，中建西北院作为中建联合体成员中标幸福林带 PPP 建设工程。西安幸福林带是中华人民共和国成立以来西安规模最大的市政工程、体量最大的绿化工程，南北长约 5.85km，平均宽度 210m，总占地面积约 123 万平方米，涵盖园林绿化、市政道路、地下空间、综合管廊和地铁配套五大业态，总投资超 240 亿元。

图 4-16　幸福林带工程效果图与实景图

自中标到约定的交付期限，留给设计与施工的时间非常有限，仅有 48 个月。面对有限的时间，中建西北院探索了"两全一站式"EPC 工程总承包模式。以设计为总控，通过 BIM 全生命周期应用，建立可视化三维模型，用"数字孪生林带"优化管理，实现林带内所有设备、资产等数据和信息均可从模型中调用，通过虚拟世界里的"幸福林带"，实现项目高度一体化管理。与此同时，中建西北院有效依托中国建筑集团有限公司系统内的"咨询、投资、设计、施工、运营"全产业链优势，有效集合了中国建筑集团有限公司的各优势单位，分工明确、协同发展，比如投资依靠中建丝路建设投资有限公司，设计联合中国建筑集团有限公司系统内各设计院所或工程局在西北地区资源，运营借助中海物业管理有限公司等先进管理理念等，通过聚合资源，在产业链中创新价值链，实现了项目建设与交付的整体优化解决。

　　推进 BIM 全生命周期应用，探索"两全一站式"EPC 工程总承包模式，只是中建西北院数字化漫漫征程中的缩影。"当前，城市建设到了精细化发展阶段，我们要通过不断丰富、构筑、阐发新时代城市发展方向的时代内涵，在更高起点上以改革创新拓展企业高质量发展新空间。"中建西北院党委书记、董事长张翌表示。纵使山高路远，哪怕道阻且长，中建西北院以工匠精神雕琢时代品质的初衷不会变，以数字科技推动创新转型的决心不会变。随着城市的发展、科技的进步、项目实践的进一步沉淀，中建西北院注定会为更多地方带来更多的亮丽风景。

结　语

数字化技术不断发展，新一轮技术浪潮汹涌来袭，新时代翩然而至。在历次技术革命中，一个人，一家企业，甚至一个国家，只有两条道路可以选择，要么加入浪潮，成为前 2%；要么观望徘徊，被淘汰。在建筑业高质量发展的背景下，以粗放式发展为主的建筑企业，为搭乘数字化快车成为"前 2%"的头部企业，纷纷探寻数字化"入场券"，一时之间 BIM、智能建造、智慧工地等新技术层出不穷，围绕数字化转型的角逐已经拉开帷幕。

建筑企业数字化转型升级趋势已定，但转型之路并非一帆风顺，数据孤岛、业务缺少有效连接与协同、数据难以驱动决策等问题接踵而至。为扫清数字化转型路上的"绊脚石"，系统性数字化理念应运而生，通过系统性数字化打通全生命周期数字化服务链条，让各阶段数据产生"化学反应"，打造全过程数据驱动决策的应用场景，重塑企业掌控力与拓展力，助力建筑企业在数字化转型新赛道脱颖而出。

以系统性数字化建设为核心，建筑企业数字化转型将"扬帆远航"。未来已来，施工企业数字化转型将以项目作为执行单元，通过 BIM＋智慧工地一体化等方式，实现精细化管控，做到做得好事、管得住物、用得对人；企业作为经营管理中心，通过项企一体化实现集约化管控，并采用业财一体化实现协同化管控，从而做得好事、理得清财；集团作为战略中心，通过决策数据化实现智慧化决策，做到看得清势。地产企业通过数字化转型，将拥有全面捕捉和洞悉内外部变化的敏锐洞察力；拥有基于全面、准确、实时的大数据；依托 AI 能力的高效决策力，拥有核心业务全面在线化，在智能算法支持下人机协同的敏锐执行力，在管理红利时代，重塑企业核心竞争力，通过业务创新实现企业投资回报的最大化。设计企业则以数字设计平台为支撑，通过设计和工程数据融合，实现数字化驱动、一体化协作、前置化管理及集成化交付，打造"全数字化样品"，为设计相关岗位、项目、企业提供新动能。

这是本书编制的出发点，也是目的。同心者同行，在数字化浪潮中，作为产业主体的建筑企业将与作为使能者的建筑科技企业携手前行，预"建"企业新未来，铸就智能建造强国梦。

数字化转型正当时，由于认识及编校水平有限，本书关于数字化的理解难免存在偏差，恳请大家批评指正。

在本书撰写过程中，得到多位专家的悉心指导，所引用的案例得到多家单位的大力支持，并做深入沟通。在此，对所有为本书编写、出版发行辛勤付出的相关单位，表示衷心感谢。

特别鸣谢（以下排名不分先后）：

中国建筑业协会

全联房地产商会

华中科技大学

清华大学

东南大学

同济大学

中国建筑集团有限公司

中国电子工程设计院有限公司

北京城建集团有限责任公司

陕西建工控股集团有限公司

上海宝冶集团有限公司

广西建工集团有限责任公司

绿城中国控股有限公司

中国金茂控股集团有限公司

广东天元建筑设计有限公司

中国建筑西北设计研究院有限公司

中关村信息技术和实体经济融合发展联盟

参 考 文 献

[1] 刁志中. 建筑企业数字化转型的策略与路径 [J]. 产业转型研究, 2022, 5: 46-51.

[2] 数字建筑平台白皮书 [R]. 广联达科技股份有限公司, 2020.

[3] 企业数字化转型白皮书 [R]. 全国信息技术标准化技术委员会大数据标准工作组, 中国电子技术标准化研究院, 2021.

[4] 华为行业数字化转型方法论白皮书 [R]. 华为技术有限公司, 2019.

[5] 中国数字建筑峰会组委会. 数字化的力量 [M]. 北京: 中国建材工业出版社, 2022.

[6] 刘洪亮. 信息化与标准化融合助推数字化转型 [J]. 施工企业管理, 2021, 3: 78-80.

[7] 白小虎. 方学军等. 上海宝冶: 战略引领企业高质量发展 [J]. 国企管理, 2021, 2: 82-87.

[8] 李敏宽. 数字宝冶助力企业高质量发展跑出加速度 [OL]. https://zhuanlan.zhihu.com/p/396310449.

[9] 浙江建投. 浙江省建设投资集团股份有限公司"十四五"发展规划纲要 [OL]. http://quotes.money.163.com/f10/ggmx_002761_7604042.html.

[10] 浙江建投. 浙江省建设投资集团股份有限公司 2021 半年度报告 [OL]. http://quotes.money.163.com/f10/ggmx_002761_7513380.html.

[11] 张为华. 越秀地产智能化探索与实践 [OL]. http://www.ileader.com.cn/html/2020/1/8/71940.htm.

[12] 陈磊. 越秀地产数字化升级实践与探索 [OL]. https://baijiahao.baidu.com/s?id=1700967385139049025&wfr=spider&for=pc.

［13］李宗照. 科技赋能，智慧建造打造品质地产标杆［OL］. http://www.jjckb. cn/2021-09/26/c_1310210643.htm.

［14］中国金茂规模与效益均衡增长 高质量发展新格局明朗［OL］. http://www. xinhuanet.com/house/20210827/c53a75a5a85147f586295e328dab 7e80/c.html.

［15］助力 QHSE 管理 金茂携手迈动互联打造智建居系统［OL］. https://baijiahao. baidu.com/s?id=16904754668578889512&wfr=spider&for=pc.

［16］住房和城乡建设部. 关于推动智能建造与建筑工业化协同发展的指导意见 ［Z］. 2020.

［17］住房和城乡建设部. 绿色建造技术导则［Z］. 2021.

［18］高培勇. 深入理解和把握经济高质量发展［J］. 山东经济战略研究，2020， 5：30-32.

［19］黄璜. 数字政府：政策、特征与概念［J］治理研究，2020，3：6-15.

［20］湖南住房和城乡建设厅. 湖南省 BIM 审查系统将于 6 月试行［Z］. 2018.

［21］厦门市"多规合一"工作领导小组办公室. 关于印发《厦门市推进 BIM 应用 和 CIM 平台建设 2020-2021 年工作方案》的通知（厦多规办〔2020〕4 号） ［Z］. 2020.

［22］黄勇. 中国房地产科技行业报告［R］. 爱分析科技有限公司，2019.

［23］陈清娟，郑史敏，贺成龙. BIM 技术应用现状综述［J］. 价值工程，2016， 14：22-24.

［24］孙少楠，孙冰冰，吴家伟. 基于 BIM 技术的装配式建筑设计阶段协同度评估 ［J］. 人民长江，2020，6：218-225.

［25］唐海燕，郑重. 数字时代：地产企业如何玩转"下半场"［R］. 普华永道思略 特，2019 年.

［26］数字建筑白皮书［R］. 广联达科技股份有限公司. 2018.

［27］周宁宁. 建筑设计中的数字手段与虚拟现实技术［J］. 智能城市，2019，7：
54-55.

［28］蔡畅，李晶. 当代建筑设计中数字技术应用与前景［J］. 建设科技，2018，
1：73-73.

［29］数字建筑白皮书 2020［R］. 广联达科技股份有限公司，2020.

［30］2020 上海市 BIM 技术应用与发展报告［R］. 上海市住房和城乡建设管理委
员会. 2020.

［31］数字建筑白皮书 2019［R］. 广联达科技股份有限公司，2019.

［32］韩秋莹. BIM 建筑性能分析应用价值探讨［J］. 科学家，2017，5（13）：
78-79.

［33］孙金彦，黄祚继，周绍光，徐南，钱海明，王春林. 高分辨率遥感影像中建
筑物轮廓信息矢量化［J］. 遥感学报，2017，3：396-405.

［34］住房和城乡建设部. 房屋建筑和市政基础设施项目工程总承包管理办法［Z］.
2020.

［35］上海市城乡建设和管理委员会. 上海市建筑信息模型技术应用指南［Z］.
2015.

［36］建筑工程施工 BIM 应用指南［R］. 中国建筑集团有限公司，2017.

［37］The next normal in construction［R］. 麦肯锡，2020.

［38］祝波善. 新生态·新生长 工程勘察设计行业管理与变革［M］. 北京：中国建
筑工业出版社，2020.

［39］罗申. 产品模式下的建筑设计方法初探——以 C-House 建筑产品为例［D］.
南京：东南大学，2019.

［40］罗佳宁. 建筑工业化视野下的建筑构成秩序的产品化研究［D］. 南京：东南
大学，2018.

［41］于陈晨. 基于 BIM 技术的装配式钢结构绿色公寓设计研究［D］. 济南：山东

建筑大学，2020.

[42] 王从越. 基于BIM的装配式建筑模块化设计策略研究 [D]. 重庆：重庆大学，2019.

[43] 丛勐. 建造与设计——可移动建筑产品研发设计及过程管理方法研究 [D]. 南京：东南大学，2016.

[44] 住房和城乡建设部. "十四五"建筑业发展规划 [OL]. https://www.mohurd. gov.cn/gongkai/fdzdgknr/zfhcxjsbwj/202201/20220125_764285.html.

[45] 住房和城乡建设部. "十四五"工程勘察设计行业发展规划 [OL]. https:// www.mohurd.gov.cn/gongkai/fdzdgknr/zfhcxjsbwj/202205/20220512_ 766072.html.

[46] 辛伟，王国栋，吕维汉. 全过程工程咨询下的设计管理实践与探索——以幸福林带为例 [J]. 建筑设计管理，2021，5:57-66.

[47] 凤凰网陕西地方资讯. 中建西北院70年高质量发展侧记 [OL]. https:// i.ifeng.com/c/8FsJm4y1k0E.

[48] 中国建筑施工行业信息化发展报告编委会. 中国建筑施工行业信息化发展报告（2013）[M]. 北京：中国城市出版社，2013.

[49] "元宇宙"之外，中国数字化转型还有哪些动向 [DB/OL]. https://zhuanlan. zhihu.com/p/491645547.2022.6.

[50] 中建西北院BIM技术研究中心：数字建造向未来 [OL]. https://m.thepaper. cn/newsDetail_forward_18131010.

[51] 为建筑注入科技创新力量——70年高质量发展侧记 [OL]. http://m.cnwest. com/sqkb/a/2022/06/15/20679512.html.

[52] 中建西北院 以建筑作答"不变"与"变"——70年高质量发展侧记 [OL]. http：//gov．cnwest．com/zzxd/a/2022/05/24/20623130．html.

[53] 王瑾，郝雨霏，范明月，令狐延. 产业链协同创新推进新时代城市更新——

基于西安幸福林带的经验［J］. 工程管理学报，2021，3：53-57.

［54］范明月，张武林. 城市更新视角下西安幸福林带综合开发运营模式研究［J］.

工程管理学报，2021，35(2)：80-84.